教育文集
涵养一颗上进的心

木心语

罗永春 著

北方文艺出版社
·哈尔滨·

图书在版编目（CIP）数据

草木心语 / 罗永春著. -- 哈尔滨：北方文艺出版社，2023.3

ISBN 978-7-5317-5832-7

Ⅰ.①草… Ⅱ.①罗… Ⅲ.①教育 – 文集 Ⅳ.①G4-53

中国国家版本馆CIP数据核字（2023）第028574号

草木心语
CAOMUXINYU

作　　　者 / 罗永春	
责任编辑 / 富翔强	封面设计 / 刘　美
出版发行 / 北方文艺出版社	邮　编 / 150008
发行电话 / (0451) 86825533	经　销 / 新华书店
地　　　址 / 哈尔滨市南岗区宣庆小区1号楼	网　址 / www.bfwy.com
印　　　刷 / 三河市嵩川印刷有限公司	开　本 / 155×230　1/16
字　　　数 / 176千字	印　张 / 15.25
版　　　次 / 2023年3月第1版	印　次 / 2023年3月第1次印刷
书　　　号 / ISBN 978-7-5317-5832-7	定　价 / 68.00元

为孩子种下一粒勤学的菩提，让家长收获一份感恩的福报。

伏尔加庄园

第一眼看到你,不再忘记。春天你隐藏在花海里,秋天你金色盈怀。

心若菩提，池开莲花，游云幽梦，人生如歌。

剪一枚书签，给远方的诗人。你来时，别忘了捎一瓶红酒。

一泓池水，一朵云，一片叶，难得人间四月天。

在最美的时光里，从古堡里走出来，观湖景，惬意无比。行一程，迎轻风，吟首诗，悠然自乐。

松花江江畔

苦苦寻觅那处，
尘嚣之外，安静之所。
捧一卷书，饮一杯茶。
爱到深处即是诗。

小村傍水，陌陌田禾。寻找儿时光景，那山、那水、那人，便是一壶暖心的茶。

人若作霞，会与飞鸟相伴。人若作草木，会与花蝶作邻。醉入山水，依梦而眠。

水墨丹青，风花雪月。水韵苏城美，稻花飘香时，家乡美。

山水清欢，不染浮尘，看渔歌唱晚，观湖影摇曳，捡几行素诗，摄几幅美景，即使陋室寡居，也可一喜天下。

看四季摆动的"风车"，远山倒影，恰到好处。

最喜清欢，写一首诗，填一阕词。

你一半，我一半。一半入梦，一半收藏在心里。

月圆时，故乡泊进我心中。

雪乡

在那个晚上，我们住在雪屋里，几位老友烫一壶老酒，就着那几碟小菜，侃着大山，做一回神仙。

心若白雪洁，神可纳万物。时光煮茶，雪色温酒，趁月色吟诗，不亦乐乎。

灯火阑珊处，相思情更怯。雪屋映衬，童话世界。

大雪如盖光影似梦。红签小诗一首首，都入乡愁。

红灯映白雪，青松伴雪屋，看惯人间事，不把名利忧。雪屋一住，鼾声悠悠。

雪屋，给冬天写一首诗，给往事填一阕词。给思考者，带来幽静的小夜曲。

雪蘑菇、雪屋子、红灯笼，欣赏这些素雅美景，与尘世做一次诀别，把雪揽入怀内，让那份纯洁把自己燃烧掉。

一处雪景，别样光阴，剪断尘缘，把心思埋进雪里，洗涤灵魂。

白雪来照,相思未了。踩着嘎吱响的雪路,走进雪屋,跟老友饮杯老酒,吟出几句诗。

小木屋,大烟囱,打雪仗,难忘儿时光景。雪白人生,人生雪白。

日月有情，名利无岸。住几天小木屋，物我两忘。修禅房度时光，精神富足无极限。

世外桃源，不争不言。物我两忘，人非圣贤。深山雪舞，林海奇观。雪乡美景，摄旅驿站。

素雅相遇,相宜静好。安静是雪的专利,无私为洁白注脚。雪屋里梦在逍遥,与心灵对话更好。

站在雪地里,吟诵一首《沁园春》,让雪蘑菇做歌的韵脚,在暖阳里合唱。

雪，不与丹青争色，不与世俗争宠。插一枚素白的书签，翻看那发黄的书页。

下雪的日子，在雪屋里读书，读日月星辰，读春夏秋冬，读你爱的一切……忽然琴声响起，你会收留一段光阴，让自己迷路。

CONTENTS

目录

第一辑　草木心语

滴水的力量 /03

赏识孩子 /06

孩子喜欢才愿意做 /09

勤奋是一笔财富 /12

煤油灯与小人书 /16

野菜与读书 /20

秉承家训 /25

草木心语 /29

也说《菜根谭》/32

孩子会玩才会学 /36

我能行 /39

剪枝只为果满园 /44

口哨与胆量 /48

热爱生命 /51

自己事自己做 /56

珍惜时间 /60

失败并不可怕 /65

别抱怨 /68

致青春 /72

偶像的精神 /77

第二辑　窗花上的字

培养学习兴趣 /83

管孩子讲方法 /87

话说代沟 /91

窗花上的字 /96

提高学习效率 /100

有个好心态 /103

会说话好办事 /108

从孩子记账簿说起 /113

跟孩子沟通 /117

做最优秀的你 /121

人生需要进取 /126

做自己的主人 /131

认真对待学习 /134

常怀一颗赤子心 /138

培养良好习惯 /140

好心态好人生 /144

提升孩子素质 /148

宽严有度管孩子 /150

第三辑　一定要拼

给自己加油 /155

排名不怕靠后 /158

一定要拼 /162

打基础很关键 /165

从我做起 /168

自信的力量 /171

名与利 /175

带孩子出去走 /178

与人为善 /182

力戒浮躁 /185

专心为取胜之法 /189

需要坚强 /192

谨慎 /195

人生有诗意 /198

要有精神头 /202

为孩子喝彩 /205

快乐学习 /208

学会与人相处 /212

点亮人生 /215

进步每一天 /218

第一辑
草木心语

滴水的力量

老家东边有个猴石山，山上有许多姿态各异的奇石。那些奇形怪状的石头就幻化成了正在玩耍的大大小小的石猴子，这些猴子腾挪跳跃，攀爬倒立，姿态各异，活灵活现，栩栩如生，这里景色很美。有诗赞道："群猴嬉戏满坡间，峰岭起伏云在连，广袤禾田村落点，一行大雁走高天"，这里青山绿水，大地绵延，星罗棋布，村落相连，美景不凡。据记载，此处景观被称为"石猴效技"，巴彦苏苏十大景观之一。山上有泉一眼，冬夏水流不断。我曾多次随村民在节日里去取泉水，在泉眼下边，大约落差6米处，有块平坦的岩石，这块岩石大约100平方米，泉眼里流出来的水，先要落到这块岩石上，继而形成漫过岩石的水瀑，然后，这些水迅速地漫过岩石滑落到下面的小溪里。大人们没太注意，倒是我们这些贪玩的小孩子发现了岩石皱褶处的秘密，那里面隐藏了两只像眼睛一样直径40多厘米的小水洞。我们发现这个水洞后，小伙伴们找来长长的藤蔓，试探着深浅，这弱小的水流竟然把这块1米多厚的岩石给击穿了，从这块岩石洞里流出来的泉水，就成了猴石山峰顶上的一处小瀑布，人们发现这道瀑布后，把这块像小姑娘头顶刘海一样的小瀑布，演绎成王母娘娘手捧宝瓶，给世人布雨的传说。一滴水击穿厚厚的岩石，非一日之功，乃久久而成。

任何事情的成功，都不会轻易取得，都要靠长期的艰苦努力。

拿破仑主义的核心是"时刻奋战，不得松懈"。取得显著成绩的人，都不是偶然，而是凭着一份耐心、一份辛苦、一份毅力、一份坚持，一直向前努力着、奋斗着、战斗着，而后战胜困难，取得成功。

卡耐基有句名言："你想什么，你就是什么。"你想成为什么，只要你坚持不懈地向着这个目标努力，那么你的梦想就会变为现实。"世上无难事，只要肯登攀"，坚持读书、坚持学习、坚持和苦难做斗争，只要坚持下来，你就能达到顶峰。京剧表演艺术家盖叫天，他天天坚持凌晨3点钟起床练功，数十年如一日，用削尖的两根筷子绑在膝弯里，以使两腿挺直，用两根火柴撑住眼皮，使眼睛能瞪得圆，正是由于他不同寻常地刻苦锻炼，才独创盖派。气象学家竺可桢50年如一日观察天气，做气象日记。李时珍写《本草纲目》用了27年，曹雪芹写《红楼梦》用了毕生精力，司马迁写《史记》用了几十年的时间，居里夫人研究镭，耗费了毕生的心血。理想的实现，要经过一段艰苦的努力过程，从起点到终点，要靠顽强的毅力和坚强的意志来完成。立志很重要，永不气馁更重要。大凡做事刚开始的时候精力比较集中，一心一意，全力以赴，可是时间一长，遇到挫折就会停顿下来，或懈怠，甚至想到放弃，想要取得成功在这个时候必须坚持住，要坚持、坚持、再坚持，这样才能成功。水滴石穿，绳锯木断，铁杵成针，没有什么捷径，就是一个"恒"字而已，靠的是百折不挠的毅力，永不言败的信心，不成功绝不放弃的意志。持之以恒，矢志不移，奋斗不已，才能昂首向前。

曾国藩一代枭雄，儒家典范，靠重视读书，以淬炼自己心志；靠热爱读书，以成就自己事业；靠坚持读书，以成培养自己毅力。青年人应该向曾国藩学习，一旦认准的事，就要百折不挠，坚持到底。行者常至，做者能成，贵在坚持，必有所获。临渊羡鱼，不如退而结网，羡慕别人的成功，不如自己去努力。

人要想成就一番事业，就应该像猴石山上的泉水，一滴一滴地，不停地去敲击那块坚硬的岩石，然后击出水坑，岩石慢慢被击穿，就形成了美丽的瀑布。人也一样，做一件事情，就要坚持始终，锲而不舍，不成功绝不放弃。有耕耘，才会有收获；敢攀登，就会离顶峰不远。小小水滴能击穿厚厚的岩石，而成为峰岭间美丽的云瀑，它付出了年复一年击穿顽石的毅力，足以让人敬佩。孩子，只要你坚持下来，永不懈怠，你就会取得成功。

持之以恒，好事亨通。

赏识孩子

20世纪60年代，每个农户家里都要养一两头猪和几十只小鸡，喂猪全靠到山上采猪食菜。我家喂猪和喂鸡的活全让我包了。其实，那时干活就愿意听父母的一句话："你们看，我老儿子多能干啊！"这句话父母不但当着我面说，还当着外人说。听到父母夸我，别提自己有多美了。我不但喂猪、小鸡、小鸭、大鹅，还帮大人干零活，把到山上采猪食菜的活也全包揽了下来。就为父母的一句夸奖，我一干就是很多年。看看，夸奖和肯定孩子多么重要。周弘老师说，与莎士比亚、牛顿、爱因斯坦一样，每个孩子都有可能成为天才，宇宙的潜能蕴藏在每个幼小的生命中。哪怕天下所有人都看不起您的孩子，做父母的也要眼含热泪地欣赏他、拥抱他、赞美他，为自己创造的生命而自豪。"孩子成长的道路犹如跑道和战场，父母应该为他们多喊'加油'，高呼'冲啊'，哪怕孩子1000次跌倒，也要坚信他们能1001次站起来。"赏识你的孩子，你的孩子就会充满激情和活力，就会意气风发，斗志昂扬，有活力、有张力，对学习、对生活，就不会怕困难和挑战。

我小时候，有一次家里向生产队交大豆。称完一袋大豆，小队会计就写下一个数，几十麻袋的大豆，会计一笔一笔地写着，等全部大豆称完了，会计拿着算盘子，拨算盘珠的工夫，我口算就出来结果了。当时小队会计很惊讶，其实，那是老师教给我的心算办法。

小队会计夸我的账算得又快又准。在场的父亲摸摸我的头，也夸了我。从此，夸起了我的希望、夸起了我的信心。我就更加发奋学习，以优异的学习成绩来回报父母的夸奖。看看，人人需要赞美，人人需要得到肯定。调动孩子学习的积极性，最好的办法就是赏识你的孩子，不要吝惜你那些赞美的语言。可是，我们做家长的往往把自己的孩子同别人家的孩子相比较，"你真笨""你真没出息""你看谁家孩子，又考了第一"。我就想，人家孩子同你有什么关系，你只横向比较，怎么不纵向比较呢，孩子学习进步多少，懂事了多少。一天到晚，一见到孩子就是两个字"学习"，你都烦了，孩子怎能不烦。孩子在父母那里一句表扬的话都得不到，他怎能有学习兴趣和信心，怎能把学习成绩提高上去。周弘老师把一个聋童培养成为中国第一位聋人少年大学生，这是赏识教育的成功。现在家长盼孩子成才心切，总拿大人的想法来教育孩子。对孩子肯定和赞美的语言少得像沙漠里的水，他们不知道表扬和赞美孩子这对孩子是多么重要啊，甚至学会表扬孩子的缺点，对孩子的成长都有意想不到的好处。赏识孩子吧，它就像春雨悄无声息地滋润着孩子的心灵，使孩子得到健康成长。

现在有些家长不知道怎么管孩子，不会表扬孩子，只会否定孩子，孩子成绩稍有点不好，家长就说，"你这样怎能考上大学""我怎么生了你这么个孩子"，对孩子的否定教育，不仅收不到效果，反而适得其反，伤了孩子的自尊心，使孩子的自信心下降，真的就会导致孩子破罐子破摔，放弃学习、放弃努力。让孩子自强，父母要首先自强；要想管好孩子，自己要先了解孩子。让孩子进步，必须首先肯定孩子，鼓励孩子，不要轻易地去否定孩子，让他感到自己一点希望都没有。

美国成功学的创始人拿破仑·希尔博士，小时候被家人和邻居一致认为是坏孩子，无论出了什么坏事，大家都认为是希尔干的，希尔也因此破罐子破摔，表现得比别人形容得更坏。他的母亲去世后，父亲把他介绍给继母的第一句话就是，"这就是拿破仑·希尔，是几个兄弟中最坏的一个"。可是，继母却说："他不是坏孩子，他恰恰是这些孩子中最聪明伶俐的一个。"在继母的表扬下，希尔改正缺点，发奋读书，成为世界上著名的成功学家，他所著的文章启迪教育了数不清的人。身为家长，你不仅要关心孩子的吃穿，更要关注他的心理健康，多鼓励，少批评；多肯定，少否定。

  阿里巴巴最大投资人孙正义小时候正是在父母的赞美下，"你是天才"，遇事不怕挫折，不怕困难，当他面临挑战时，从来没有想到，"我做不到"。他敢于迎难而上，敢于做别人不敢做的事情，所以，他成为世界著名公司的创始人。他说："当你有了天才的感觉，你就会成为天才；当你有了英雄的感觉，你就会成为英雄。"好孩子是夸出来的。

  在家里干点活得到表扬，算算账得到夸赞，对于一个小孩子来说，没有比这更好的激励方式。家长要好好找一找自己孩子的优点，夸一夸自己的孩子。赏识你的孩子，你会惊讶地发现，这个办法比你督促和批评管用得多。让孩子进步，就去多夸他，多赞美他。

  赏识孩子，助力前行。

孩子喜欢才愿意做

我小时候一到假阴天，就跟邻居的孩子们玩摔泥泡。我们一起到村西边的水塘，约好几个经常干仗，但彼此又离不开的小伙伴，玩摔泥炮。孩子们把沟塘里的黄泥抠出来，一堆堆醒好的泥，看上去每堆泥巴就像一个小面包，把这堆黄泥一个个地制成像面包的形状，拿起一个，举起来，猛地往地上一摔，这时泥炮就会出现"啪"的一声响，随后，就出现了大小不一的洞，摔出大洞的孩子就会哈哈地大笑起来，因为这个洞需要下位摔炮的小朋友用自己的黄泥给堵上，小的洞用泥少，大的洞用泥多，摔出大洞就等于赢了下一位小朋友。我们轮流补洞，轮流摔炮，比赛看谁摔的洞大，谁摔的泥炮响声大，一玩就是一上午。中午火急火燎地各自跑回家吃口饭，然后又都从各家的院子里急匆匆地跑出来，想着如何去弄自己醒好的泥巴。院子里跑出来的孩子，每个孩子手里都攥着一根新鲜的小黄瓜，开心地吃着，就这样，我们每天都在一起快快乐乐地玩耍。因为喜欢，就愿意做；愿意做，就做得好；学习也是这样，只有喜欢，才能主动去学习；只有积极学习，才能不断进步。

孩子上初中了，我不得不跟他说一说学习上的事情，家长总是担心孩子这个，担心那个。其实孩子长大了，用不着过分担心，可是我们这些当家长的就是不放心，总喜欢以过来人的姿态，在学习上跟孩子要求这个，要求那个，否则就觉得家长当得不合格。

民族的希望在教育，家庭的希望在孩子。正因为如此，现在大部分的家庭，都把精力、财力、希望都无私奉献给了孩子。孩子们背着沉重的思想包袱，学习着、努力着、坚持着。那些学习上进的孩子，每天从天一亮就开始学习，一直学到晚上十一二点钟。这样还不够，星期天、节假日早已为他们排满了补课的日程，再加上家长那份"过分的热心""过分的期望"给孩子造成了无形的压力，使孩子学习没了兴趣、学习没了动力、学习没了热情，弄得孩子精疲力竭，不知所措。一些孩子在这样的压力下，纷纷"厌学""逃学""弃学"，迷恋玩手机、玩游戏来减压，甚至小小年纪就谈上了恋爱，更有甚者离家出走。有一位教育家说："孩子的成长，归根到底是孩子自己的事，孩子自己才是成长的主体，家长不可能越俎代庖，孩子只能从自己的实践中学习，包括从成功的经验中学习，更多地从失败的教训中学习。"只有走进孩子的世界，才能真正了解孩子；只有让孩子成为父母的朋友，父母才能成为孩子的良师益友；让孩子学会承受挫折，他就会变得坚强；让孩子学会接受失败，他就会尽早成熟起来；让孩子经历磨难，他就会珍惜每一次机会；让孩子经受风雨，他就会健康成长。

中学阶段正是孩子长身体的特殊时期，这时的教育非常重要，我们做家长的在这个时候，却恰恰人到中年又都忙于自己的事业，根本无暇顾及自己的孩子。不知道孩子的思想是一日千里，瞬息万变，稍有不慎，孩子的发展就会偏离正确的航线，走向极端。现在的孩子是太顺了、太娇惯了、太任性了，他们承受不了一点点压力、承受不了挫折、承受不了失败，这个时候，需要家长站出来，施以正确的教育方法，为孩子及时解压，激发孩子学习的积极性。前半生为孩子付出，后半生留给自己享福。一个人真正的成功，不是自己事业多么耀眼迷人，多么辉煌灿烂，而是培养教育出来对社会有用的人才，一个出类拔萃的孩子，一个家族引以为荣的孩子。所以，家长和孩子应该经常读一读有关教育方面的书籍，还是很有必要的。

家长努力教育孩子，孩子就会成才；孩子努力学习，就会取得事业成功。

教育孩子如同侍弄庄稼，你花费多大心血，就会得到多大收成。独生子女教育没有给你彩排的机会，没有给你试验的过程，只能成功，不能失败。

摔泥泡是儿时我最爱玩的游戏，读书是我长大了最爱的消遣方式，由此可见，你喜欢，就爱做，你爱做，会持久，你坚持，就有收获。所以，用爱去教育孩子，孩子就知道感恩，用孩子喜欢的方式去教育孩子，这样的孩子就会喜欢读书、写作、劳动……孩子就会成为优秀的好孩子。

爱是甘露可润泽田禾，教是解惑可开悟顽愚。

勤奋是一笔财富

天寒地冻，住在茅草屋里的人很遭罪，顶着星星爬起来捡粪的小孩就更遭罪了。我儿时大多的事都忘得差不多了，唯独在冬天里，在那冬天的早晨，我赶个狗爬犁，满村子里捡粪的事儿没有忘记。说实在的，早起捡粪这活，既没有父母的督促，也有没有哥哥姐姐的逼迫，这件事是我完完全全自愿的，那时跟我年龄相仿早起捡粪的小孩有好几个哩，大都是家里经济条件不好的。有时碰到一起，就用手指着对方说道："看看你的头发全是霜，你成白胡子老头了。"然后，对方也笑着说："你还说我哩，你不也成白妖怪啦。"然后，两个人哈哈一笑，边说边往前走，他拉捡粪爬犁前面走，我牵着狗爬犁跟着，我们一起捡粪，你捡道南，我就捡道北；你捡院子里的，我就捡院子外的。在早晨能碰到一起捡粪，两人都很高兴，因为天还没完全亮，还很暗，有伙伴陪伴是很开心的。

到春天开化了，我看到捡来的堆成小山似的牛马粪、猪狗粪就特有成就感。队里统一到各家收购捡来的粪，收购的人用大土篮子装好粪后，用抬秤称重，然后倒进队里的马车上，装满后就直接拉到队里的粪场，每称完一筐，会计记一次账，等称完重后，会计顺手就给父亲开了一个收据，这个收据对我家来说很重要，到年底就会抵我家的口粮款。在我心里捡粪的目的就是为了会计递给父亲的这张收据，家里年年"胀肚"，我觉得这是一件很丢人的事，我捡来的粪，能够抵口粮款，就等于替家里分担了欠口粮的钱，到年底分红时我家就不再会尴尬，一想到这里，我心里特别美。

我一冬天捡来的粪把我家院子占去了整整大半边，可以说，我是村子里小孩子中捡粪最多的一个，想想那时整个冬天，一个8岁孩子赶着狗爬犁，天刚刚放亮，星星还挂在天上，孩子小手上戴着手套，头上戴着狗皮帽子，脚上穿着乌拉鞋，打着手电筒，踩着嘎吱响的雪地，小脸冻得红彤彤的，到各家院子、大街小巷、放牛马的田地、拴牛马的场院，还有人们习惯上厕所的野外，用铁锹撮，有的粪冻结实了，还要费很大力气才能把粪堆撬起来。在当时我不认为这是很脏、很累、很低级的活，相反能给家挣来钱，我感觉到很光荣。劳动的孩子，才知道劳动的苦，所以就更加发奋努力去读书。那时我们村子只有5个孩子读完初中，全大队只有2个孩子读完高中，然后考上大中专，走上工作岗位。那时城乡差别很大，城市户口有供应粮，工作是铁饭碗。农村只有种地，吃的也没有城里的好，城里人能吃到白面、大米，农村只有过年过节才能吃到这些。小时候盼过年，能吃上糖块和冻梨是我最大的奢望。但是，那时我最怕年终分红，8岁刚记事，家里没啥收入，只靠父母在队里挣的工分，一到年终分配时，我家人口多，劳力少是另类户，就是队里不给开支的胀肚户，不但不往家里领钱，还要给队里钱，家里哪有钱，只好等过段时间，我家卖猪、卖鸡啥的再一点点给。当时，家穷得竟然连我上学的几元钱书本费都拿不出来，父母也要跟亲戚一家一家地去借。我虽然很小，但我会主动去捡废铁、废铜、破绳头啥的卖给供销社，再买来纸笔。至于捡粪，也有挣点书本费、学费的想法，放在今天那就是勤工俭学了。我今天想来真的很庆幸，我的父母支持我每天早早起来捡粪，一直到村里的猪都圈养起来，家家有了厕所，牛马也不散放了，没粪可捡了，我才不捡粪。捡粪这件事，也让我懂得了很多道理，做任何事情，都要坚持下来，捡一个早晨粪可以，捡一冬天粪可以，倘若一个小孩子，连续捡了几年的粪，那就不容易了。捡粪时还要拉得下脸皮，挎得起粪筐，吃得下苦楚，不怕挨冻。这件事让我认识到，人只要不怕吃苦，不怕干脏活、不怕干累活、不怕干低端的活，不去死要面子，那他什么工作都能干好。学习也是如此，不怕困难，勤奋努力，必有所成。精诚所至，金石为开。

古往今来那些成功的人士，都是经历了许许多多磨难，才取得成功的。勤奋是一笔不可多得的财富，要想取得成功，就必须脚踏实地，甘于奉献，乐于付出，辛勤耕耘。科学的大道是没有平坦的，只有沿着陡峭山路攀登的人，才有希望到达光辉的顶点。文学家高尔基从小生活在贫困当中，拾过破烂，当过鞋匠，做过搬运工人，整日为吃饱饭而到处奔波，但他却靠着勤奋自学，坚忍不拔的毅力，读了许许多多的书籍，成为伟大的文学家。他的《童年》《在人间》《我的大学》自传体三部曲，正是他勤奋学习的写照。成功不是偶然，失败不是命运，唯有埋头自修，才能出人头地。人生路上崎岖坎坷，困难失败常会有，何必感觉心难过，耕耘会有收获。成功失败不是命运，靠实力，靠学问，身份、地位和前途，全部把握在手中，莫虚假，莫强求，脚踏实地去努力，心情快乐自然会成功。

世上没有随随便便能成功的事儿。父亲给我们留下最大的财富就是"勤俭"两个字，他一生视劳动为快乐，终生从事农家活计，在我记忆中，他从来没有闲下来的时候，整天就是干活。他穿的衣服总是补了又补，但却洗得干干净净。父亲说衣服不怕破，就怕不干净，破衣服有补丁没人笑话，衣服要是脏了，就会被人瞧不起，父亲一生中的每件衣服都打着补丁，但无论是穿在身上，还是放在柜子中的衣服，都是干干净净的。从我记事起父亲总是天刚蒙蒙亮，就同母亲起床干活，几十年如一日。他对我们讲，"大富由天，小富由勤"，大的富贵是上苍赋予的，自己没办法来实现，但是把平平常常日子过好了，却需要自身的勤奋和努力。父亲没有读过书，但是有些话却让我记了一辈子，他说，勤扫家里的院子，就有垃圾可造粪肥，多施肥庄稼就能丰收。少到城里赶集，就会少花不该花的钱，节省下来这些钱，家里就会有积蓄，以备急用。闲暇时，用麦草和上稀泥往墙上抹，外墙的厚度就增加了，到了冬天屋子里就会保暖，就能节省下一些燃料，减少一份开支。勤奋和节俭是一笔不可多得的财富。

勤奋可以塑造一个人的良好品德。勤奋之人必然是分秒必争，奋发图强之人。他们为人做事，积极向上，意气风发，干劲十足，往往在人群中就会出类拔萃，成绩卓著，受人尊敬。

勤奋可以培养人不屈的毅力。勤奋的人，往往比常人更能吃苦，所以他们才取得更大的成绩。梅兰芳是我国著名的京剧表演艺术家，他练跷功，用脚踩着半米多高的高跷，站在砖头上，一次要站一炷香的时间，中间不休息，他经常摔得青一块，紫一块，就这样，他一练就是3年，终于练了一身硬功夫。没有勤奋，没有钢铁般的意志，就不会成功，良好的学习和生活习惯的养成，不是一朝一夕，一蹴而就，需要的就是一份耐力和意志。

勤奋可以使你取得事业上的成功。华罗庚正是靠着勤奋，使自己从一个杂货铺的小店员成为一名伟大的数学家。他有句名言，"勤能补拙是良训，一分辛苦一份才"。成功来自勤奋，智慧在于积累，天道酬勤，即使你学习基础不好，但只要你肯努力，就一定能学好，就一定能成功。2005年春节晚会《千手观音》的表演倾倒了亿万观众，获得了春节联欢晚会的最高大奖，可是，你有没有去认真地想一想那些聋哑孩子平时吃了多少苦，他们一年当中，总在重复着一个动作，单调而乏味，不知要有多难，可是，他们靠着勤奋、靠着毅力、靠着坚持，取得了成功。

小孩子捡粪的事儿，没有什么记载它的意义，但我小时候不怕吃苦，热爱劳动的习惯，却让我受益了一辈子。

小时不怕苦，大了就享福。

煤油灯与小人书

我小时候，屯子里没有通电，我家住的是两间土房子，低矮而狭小。家里外屋和里屋就点一盏忽明忽暗的煤油灯。那盏简易的玻璃煤油灯被镶嵌在外屋锅台上的小窝里面。小窝是连通里屋和外屋的，煤油灯放到里面，一到天黑透了，母亲才把煤油灯点亮，这时，屋里和外屋就有了一线光亮。

灯被点亮了，我就会拿起一本小人书，坐到里屋的煤油灯旁边的火炕炕沿上看起书来。我当时看的小人书有《水浒传》《西游记》《小兵张嘎》《林海雪原》等，都是从邻居哥哥姐姐处借来的。等母亲忙完屋外面的活计，要到炕上做针线活了，我就跑到外屋，拿个板凳坐在锅台旁，借着微弱的煤油灯，继续看小人书，当时有很多字不认识，就看画面猜故事情节，一直看到晚上10点多钟，在妈妈一遍遍催促下才钻进被窝去睡觉。

后来，上学了，我读书很用功，基本上在学校就完成了作业，回到家里就帮父母干活，因为父母上队里干活，家里的一些零活没人干，我就干些力所能及的活，比如我帮妈妈做午饭，把小米饭捞出来，然后做菜，做土豆炖茄子，锅烧热，放好油，猛火炒茄子，把茄子炒蔫巴了，再把切好的土豆块放进锅里，再放大酱和食盐，放五香粉，加适量的水，菜出锅后，放点葱花，这道菜十分有味道。炖菜前把捞出来的小米饭装进铁盆里，再把铁盆放到锅叉上面来蒸小米饭。这顿小米饭、土豆炖茄子，非常好吃。等父母从地里回来，洗洗脸就可以吃饭了。

我因为每天都跟妈妈抢煤油灯看小人书，还看得很晚，所以我的鼻洞被烟熏得黑黑的，鼻涕全是黑鼻涕。时间长了，我患了肺炎，尽管这样，我仍然喜欢读书，喜欢帮父母干活。所以，人的爱好真是从小培养起来，我不觉得学习苦，也不觉得劳动苦，相反通过学习，自己了解了那么多知识，却很高兴；而劳动呢，帮助父母分担做饭、喂鸡、喂鸭、喂猪的活计，看到父母从地里回来那么累，那么辛苦，进屋就吃饭，自己也很高兴。别人家大人回到家还得现做饭，他们吃完饭，我的父母都已睡一大觉了，看到睡醒的父母，精神头很足的样子去队里干活，我心里非常高兴。我的父母告诉我，永远不要怕吃苦，日子才能过得比别人好。

孩子上初中了，我把孩子打发去外乡上学，独自一个人，我真为他担心。现在的孩子娇生惯养，怕孩子吃不了学习的苦，怕他在外地不适应那里的学习生活环境，毕竟他的同学、他的老师、他周围的一切，对他来说都是陌生的。孩子一大，为他考虑的事就多了。我小时候，家家孩子多，大的照顾小的，就这么过来的。每家大人根本顾及不了自己的孩子。孩子到外地学习，我跟孩子长长谈了一次，我说，春天播种，夏天锄草，才有秋天的丰硕收获；只有春天的期待，夏天的汗水，才能换来秋天遍野的金黄，硕果的前提是劳动和汗水。无论在他乡还是故乡，学习的事儿，都是自己的事。学习的苦，都是自己应该主动去吃的苦。年少时多吃点苦，到了年老，才会知道吃苦的甜头和重要。

人要想有出息，成为杰出的人，无论干什么事情，都必须下定决心去吃苦，并且还要心甘情愿去吃苦。没有付出，就没有收获；小的付出，不可能有大的收获。你要想考上一所名牌大学，那么就必须下定决心去吃苦，要比别人更挨累，比别人更用功，比别人投入得更多。"不受苦中苦，难得甜上甜"，成就一番事业，不会轻松成功，都要经过一番努力，吃了苦，才能知道甜的滋味。

"天将降大任于斯人也，必先苦其心志，劳其筋骨，饿其体肤，空乏其身，行拂乱其所为，所以动心忍性，增益其所不能。"（语出《孟子·告子下》）这句话的意思是，上天将要把重大责任落到某个人身上，一定要先使他的内心经受苦恼，使他的筋骨劳累，让他经受饥饿，身体消瘦，使他受到贫困之苦，让他的行为总不顺心，这样就可以使他的心灵受到洗礼，性格得到锻炼，意志才能坚韧，才能得到成长。吃苦，虽不是件容易的事情，但对青少年来说，确是天大的好事。钢是怎样炼出来的，要经过多少道工序，才能百炼成钢，你要成为一块好钢，就必须比别人吃更多的苦，特别是人年轻的时候，不逼着自己吃点苦，到艰苦的环境去磨炼自己，是不会很快成熟起来的。要有大的胸怀和格局，承担磨难，否则，就担不起重任。早独立生活，要比晚独立生活强。

我时常想，吃一堑，长一智，无论父母怎么说，不如孩子亲自去体验印象更深刻。我少年的时候可没少吃苦，那时候，早上上学前要喂完猪，才能去上学。放了学，不是书包一扔就写作业，而是要上地里去割猪食菜，然后走几里地背回来。那时即使外面下着小雨，也要顶雨去割猪食菜，要不然猪饿得直叫唤，虽然很累，但是非常愉快。因为那时农村太穷太苦，所以我才产生了拼命读书、学习的动力。通过帮大人干活，孩子懂事就早，知道家中每一个人都应该尽到自己的一份责任。我在家干活都要忙到晚上，那时没电灯，要点煤油灯写作业。那时也没有现在这么多书，看书要到处去借。现在父母谈农民干庄稼活如何如何累，农村如何如何苦，不让孩子亲身去体验，他们是不会相信的。如果让孩子到农村真正穷的人家去体验一下，他们就会知道，跟他们一样年龄的孩子竟然生活还十分艰难。不吃梨子，哪会知道梨子的滋味。只有亲自去农村体验，才会知道贫困是啥样子，干庄稼活是啥个累法。现在孩子太享福了，饭来张口，衣来伸手，甚至衣服脏了，也不去自己洗，孩子不能自立自强，这对孩子今后发展极为不利。父母是不会陪儿女一生的，孩子什么事都不会做，都依赖父母，将来会变成废人。我回忆自己小的时候，就是因为家里太穷，才暗暗下定决心学习的，一定要在学习上超过那些家里条件好的同学，所以经常考第一名，让他们在学习上服气。我从来不乱花钱，"六一儿童节"全乡开运动会，妈妈给我5角钱，我却只花了3角钱买点饭吃，看到别人家孩子吃冰棒，别提我有多馋了，可是，想一想家里那么困难，我就没舍得花剩下的2角钱，回到家里，把剩下的钱交给母亲。所以，让今天孩子吃苦，我认为太重要了，不吃苦就不知道苦是什么滋味，就不知道自己现在多么幸福，不知道自己太应该好好学习了。

有一个孩子念高中时，每周回家里取馒头和咸菜，这是他一周的饭菜，就这样他把高中三年坚持下来，并考上了吉林大学，上大学交不起学费，到乡里办理上大学贷款时，我才知道这件事。想一想，农村有多少孩子放学后，要帮家里放牛、喂猪、做饭的，干家务活的，可是他们的学习成绩却那么好；想一想穷人家孩子穿什么、吃什么；想一想他们是在怎样的条件下写作业呢；想一想为什么我领着你第一次逛巴彦步行街，不到商店去，却直接进了新华书店，并让你选择书，就是让你认识到知识对于人、对于社会是多么重要啊！试想一下，我们家里有这样好的条件不利用，实在太不应该了，别人在条件不利的情况下办到了，为什么我们在条件好的情况下却办不到，反思自己，振作精神，加倍努力，提高学习成绩。

煤油灯虽不怎么亮，但却点燃起我读书的热情和希望。孩子，你一定要在自己心中，点燃起一股不服输的劲来，吃得下苦来，努力把学习搞好。笨鸟先飞，只不过自己多费点力气罢了。你年纪轻轻，吃点苦不算什么，到了我这般年龄，想吃苦又有何用呢？机会已经不属于我这个年龄的人了。趁着年轻，吃点苦。

吃苦乃为达人，奋斗方为智者。

野菜与读书

我小时候自己背着个小面袋子去村子周围采野菜，常常要爬野地、上山坡，到地里找那些猪能吃的野菜，车轱辘菜、灰菜、柳蒿芽、青草芽等，这些是猪喜欢吃的野菜。挖来的野菜要装满小面袋子，采少了就供不上猪吃了。

面袋子装满了野菜，背不起来咋办，就一点点把袋子移到壕沟边，人跑到沟底下面去，把袋子靠在背上，再把袋子一点点搬起来，然后使上全身的力气，将袋子背离地面，站稳后，再一小步、一小步往家走，背累了，再找个壕沟边，慢慢地把小面袋子放下，人靠壕沟沿歇歇脚，歇好了，再背起来走，等到了家，太阳就快落山了。回到家后，把喂大鹅的野菜，扬到槽子里面，大鹅就吃了。抽出时间，还要把喂猪的野菜，用菜刀剁成碎小的丝条，放到大缸里面沤上，野菜不发酵，猪不能吃，这些野菜得沤上两三天才能给猪吃。只要不下大雨，我基本上每天都得去野地里采一小面袋子的野菜。

我采完菜回来，虽然背菜很累，但回来后放下菜袋子，就去帮妈妈准备晚饭。我先去院外柴火垛里面抽出来两捆玉米秸，抱回屋来，把做饭水烧开了，将土豆打皮洗好了，米淘好了，去小园子里面摘点茄子或豆角，这些准备工作都做好了，等妈妈晚上收工回来做饭，这样收工回来的父母，有了我提前做好的准备工作，全家人会很快吃上晚饭的。采菜、喂鸡、喂鸭、喂猪、做饭，这些活计那时家家孩子都这样干，没有一件是父母要求孩子们去做的。

晚上吃完饭，快到8点钟了，我才能把书从书包里掏出来，趴在炕柜上面，点起煤油灯（空药瓶里面装上柴油，药瓶盖上面用小铁皮卷起来做灯芯子，一种自制的煤油灯），我先预习几遍明天要学习的课文，熟读课文后，再去做语文和数学作业，做完作业才上炕睡觉。我的学习成绩一直很好，常常受到班任或课任老师的表扬。前些年，遇到班主任还讲起我小学三四年级的事来，老师说，你是越表扬，学习越来劲。要是成绩下来了，考了五六名，老师也不批评你，找来考试卷子，当着面说给你，你看看马虎的毛病是不是得改一改了，不然你就打满分了。你的试卷干净清楚，字写得比第一的都好，只要你努力一下，就会考得更好，老师期待你在下次全学年考试中获得好名次，就这样我在老师一次次的鼓励下，常常考到全学年的第一名。

我因为学习成绩好，老师就安排我帮助本屯学习差的同学，这个任务是每天必须完成的，每天早晨一到学校，老师就会问起被帮助的同学，我都帮他啥了，学明白了没有，然后再去跟我核实。那时候，我们这些学习好的同学都以帮助学习差的同学一起进步为荣，因为同学们一起进步了，整个班的学习成绩就上去，期中或期末考试，我们班的总成绩就会比别的班高，我们就会获得学习优秀班级小红旗，那是让全班都十分自豪和骄傲的事。老师给我们补课，从来不要钱；我们帮助同学学习，也是尽义务。所以，一到星期天，就有家长找我父母，让我帮助他家孩子补习功课，这些家长一旦在大街上看到我，就会摸着我的头说，这孩子脑袋瓜子好使，学习可好了，还帮我家孩子补习功课哩。我一听到夸奖，就更来劲了，只要他家孩子补习功课需要我，我宁可自己不做作业，也去帮他家孩子补习功课。

这个时候，我们屯子里来了几位下乡知识青年，他们听说我学习好，就送给我几本书，比如《钢铁是怎样炼成的》《西游记》等，还有一些小人书。我特别喜欢这些书，拿到家里用报纸包书皮，把这些书一本本包好，放到炕柜上面，这些书我只要打开看就会被迷住，不一口气儿看完就不想放下，有时读起书来，都读到后半夜，妈妈一遍一遍催促我睡觉，说要不要你的眼睛了，看看你的鼻子，都熏成了两个黑洞了，她甚至会强行把灯吹灭，看着我睡着了，妈妈才去睡觉。

  为了感谢送给我书的大哥大姐，我就常常去野地里挖来小根蒜、婆婆丁、小叶芹等野菜，蹦蹦跳跳地给他们送去。记得有一次，我还向妈妈要来一筐鸡蛋送给他们，他们非常喜欢我，说鸡蛋酱、山野菜、小米饭可真香啊。他们喜欢我，我也喜欢去。他们喜欢借给我书看，我也按时把读完的书送还给他们，我们建立了很好的关系，那个时期，我有事儿没事儿就常往青年点跑。我隔几天就会挎一筐野菜，送给他们吃。听他们讲故事，听他们讲远大理想抱负，听他们讲立志成才。他们热爱学习，热爱生活，不怕困难，扎根农村，立志报国的思想教育了我，所以，我下决心要好好学习。

  孩子上初中了，我第一个想跟他说的就是，人生第一步要立好志。今天想来我在懵懂的年代里，能够遇到下乡知识青年，接受他们热爱学习，立志报效祖国的教育是多么幸运啊！他们对我一生的方向选择，都起到了引领的作用。大丈夫理应舍身取志，生来有所作为。正如王勃所言，"穷且益坚，不坠青云之志"，人要有梦想，也要有目标，还要有远大的理想和抱负。"天行健，君子以自强不息"，一个人若要实现理想，就必须立大志，才能干大事。

  曾国藩说："第一要有志气，第二要有见识，第三要有恒心。"有志气，就不会甘为下流；有见识，才知道学无止境，不敢稍有所获，就自满自大；有恒心，就肯定没有办不到的事，这三个方面缺一不可。立志是人生第一重要的事情，有志不在年高，无志空活百岁，只有志存高远，才能不甘平庸。爱因斯坦立志献身科学，创立了相对论，为人类做出了突出的贡献。新中国成立初期，李四光、钱学森等一大批科学家立志报效祖国，他们放弃优越的物质和生活条件，历尽千辛万苦，从遥远的美国回到祖国怀抱。大丈夫立志，应舍其平淡，建功立业，成就一番事业，才不枉活一生，"男儿不展风云志，空负天生八尺躯""长风破浪会有时，直挂云帆济沧海"，人人当立志，丈夫须作为。

曾国藩说："凡人才高下，视其志趣，卑者安流俗庸陋之规，而日趋污下，高者慕往哲隆盛之轨，而日即高明。贤否智愚，所由区矣。"这句话的意思是，没有志气的人安于现状，受世俗陋规的束缚，因而越来越卑污；立志高大的人，仰慕先贤的辉煌业绩，因此就日益高明，贤能愚笨自此就区别开了，立志的大小，就是贤与愚的划分。人贵有志，学贵有恒，珍惜青春年华，创造幸福人生，这是每个有志青年人的目标。曾国藩告诫青年人，不要安于现状，坐享其成，而要像先人那样做，建立宏伟大业，承担道义。一个人只要一息尚存，就要坚持着自己的志向，绝不轻易放弃，否则就会半途而废，前功尽弃。曾国藩博学多才，精通书法、诗文、军事、哲学等，这同他年轻时立下的齐家、治国、平天下的宏伟志向是分不开的。正如曾国藩说的那样，志向不能树立的人，就容易放松潦倒；心中没有一定的努力方向，就不能保持宁静。

立志犹如灯塔，它会照亮人们前进的方向。为了追求成功，就要放弃安逸、舒适的生活，做好牺牲和奉献，去勤奋工作，去刻苦学习，因为他们懂得只有做出眼下的牺牲，才能有更远的将来，取得更大的收获。文学家曹植说，"丈夫志四海，万里犹比邻"，唐朝皇帝李世民说，"心随朗日高，志与秋霜洁"，古代人尚且如此注重立志，来实现自己的人生价值，追求远大的理想，何况今天的我们就更应该立好志，读好书，做好人，走好路，为中华民族的伟大复兴做出自己应有的贡献。

曾国藩说，富贵子弟无成者，失于姑息也；贫贱子弟易成者，习于严束也。富贵人家的孩子娇惯成性，失之管教，故无所成；贫困人家的孩子父母管教严格，自己求强图变，故容易成功。明代王守仁说，夫学，莫先于立志，志之不立，犹不种其根而徒事培壅灌溉，劳苦无成矣。求学重要的是先要立下志向，志向不确定，就像种树没有根，无论对树木怎样灌溉，树木也难以成活。不能立志，是以因循懈弛，散漫度日，只有庸人没有志向，而碌碌度日，无所作为。一个国家，一个民族如果没有志向，就不可能兴旺发达；一个人没有志向，就不可能有所作为。青少年要趁着年轻力壮，立大志，干大事，要像运动健将那样，准备着、操练着，提高自己，改善自己，使自己越来越好，去等待着夺取冠军时国歌奏响，国旗升起的那一刻。

只有立志，才能有理想和抱负，才能有战无不胜的勇气和决心。比尔·盖茨富甲天下，曹德旺独领风骚，霍英东纵横五洲，刘永好民营头雁，因为他们都有远大的志向做动力，所以他们克服了常人难以想象的困难，取得了成功。诸葛亮说过，淡泊明志，宁静致远。他虽身居茅庐，却胸藏天下，未出茅庐，已定三分天下，这就是志向的重要。把立志变成自己的动力，把立志变成自己的发动机，把立志变成自己信心的来源，这样的立志，才是有源之水，有本之木。

一个人立身的条件是成业，成业的前提是立志，立志的关键是持之以恒，矢志不移。人一旦立志，就决不改变自己的初衷，一个目标一股劲地坚持下去，决不能半途而废。蒲松龄说，有志者，事竟成，破釜沉舟，百二秦关终属楚；苦心人，天不负，卧薪尝胆，三千越甲可吞吴；有志者，立长志；无志者，常立志。成功之路是不平坦的，有道道险阻，条条关隘，立志给你信心，立志给你勇气，立志给你力量，立志给你成功。只要充满信心，什么样的险阻，任何关隘，都能冲破，什么样的难关，都能克服。

一筐野菜，不足为奇，可是，我幸运地通过这筐野菜结识了下乡的知识青年，他们帮我树立了人生的志向，也因此改变我的人生。

志向所至，无不披靡。

秉承家训

小时候读过朱子治家格言，一粥一饭，当思来之不易；半丝半缕，恒念物力维艰；宗祖虽远，祭祀不可不诚；子孙虽愚，经书不可不读；居家戒争讼，讼则终凶；处事戒多言，言多必失；凡事当留余地，得意不宜再往；读书志在圣贤，非徒科第；为官心存君国，岂计身家，等等，给我留下很深的烙印，抄录在自己的日记本中，时时翻出来，经常反反复复诵读，深深思考它们的寓意，然后对照自己的言行，看看自己还有哪些方面做得不够，日后加以改正，以图精进。我读过《颜氏家训》《曾国藩家书》和《弟子规》等，这些国学经典给了我很大的启示，很多的收获，它们就像指引人生路上的明灯，带领我度过了人生的一道道坎，翻越过一座座大山。这些至理名言是写在本子上的古训，我背诵下来，然后慢慢体会，照着去做。可是，我母亲的一言一行对我的教育所起的作用，比起这些古训来，却更为直接，更为有力，对我的成长更有影响。

我的母亲生于1921年，是一位连自己名字都不会写的农家妇女。但母亲在我们村子当中口碑非常好，村邻中没有一个人不佩服她的。母亲孝顺公婆，伺候父亲的弟弟妹妹，因为父亲是老大，弟弟又多，叔叔结婚了还都在一起吃住，一大家子三四十人，做饭、家务等大部分活计都靠母亲，忙得她没有闲下来的时候。母亲任劳任怨，从不跟人计较，心地善良，乐善好施，勤俭持家。母亲告诉我，做事要实，做人要诚，持家要俭，要想办法把自己日子过好，不要让人家瞧不起你。

　　我记得小时候，村子里有很多风俗，特别到了年关要祭祖的时候，祖像两侧都要挂上一副对联，有文化的人家还要自己琢磨出来几句家训，如"世德家声远，学高福运来""德善富贵满，诚信祥瑞在""门耀喜事迎紫气，家尚财神沐春风"等，也有将名人的家风抄录下来的，如"有子孙有田园，家风半耕半读，但以箕裘承祖泽；无官守无言责，世事不闻不问，且将艰巨付儿曹"；"天留余地开新运，人以无私致大同"等；还有"百福屏开，九天凝瑞霭；五云景丽，万象入春台"等，请来装裱师傅装裱起来，挂在祖先遗像两侧，到祭祖时，桌子上面摆满了各式各样的贡品，一大家族人由年长者领着拜祭祖先，拜祭结束后，长辈还要向晚辈讲解两侧楹联的含义，讲些做人做事的道理。那时我还小，在太爷爷的引导下一家几十口人一起跪在地上给祖宗磕头，场面很壮观，当时因只顾玩了，有些细节今天记不清楚了。现在这些风俗日渐淡了，祭祖的事只有回到老家过年，在70多岁的哥哥家中，还固守着这些老规矩，但是也减去很多繁文缛节，现在年轻一代，则对祭祖渐行渐远了。

　　母亲让我记得最深刻的一句话就是：不要轻言放弃。我十几岁的时候，因感冒而引起高烧，那次高烧，母亲用遍了偏方，使遍了办法，也没有像以前那样使我的高烧退下来，这次高烧持续不退，急坏了母亲。她只好请来了村里的医生给我打针吃药，但仍不见效。母亲就一遍一遍地用刚从水井里提上来的凉水，把毛巾放进水里，浸透了的凉毛巾放在我的额头上为我降温，整日整夜地陪我。后来用车把我拉到卫生院，再后来上县医院给我看病。我的病仍然不见好转，到后来我开始吐血了。医生说，高烧把肺子烧坏了，这个时期是结核病开放期，会感染人的。母亲就把我吃饭的用具，跟家人的隔离开。母亲天天陪我打青链霉素，吃异烟肼和利福平等药。我浑身没劲，以前还能帮妈妈干点零活，有病后什么活也干不了了。

又害怕传染别人，也不能上学。我家本来就穷，让我的病折腾得更穷了。为了给我治病，除了房子，家里养的猪鸡鸭鹅都卖了，家里值钱的也都卖了。然后，父亲和母亲开始到亲戚朋友家借钱，他们借遍了所有的亲属，以及他们所认识的人，说尽了好话，有时甚至为了给我买一瓶几毛钱的异烟肼药，母亲也要一角一角地厚着脸皮跟人家去借。我亲耳听到母亲跟一位亲属借钱时，那位亲属说："我没有钱，就是有钱，也不填你家这个没底洞，都吐血这么长时间了，你家的孩子还有救吗？弄不好，还不人财两空。"母亲很坚决地说："医生说了，小孩子抗病，挺过这个劲就好了，我老儿子没事儿，肯定能好的，不信你看着，我老儿子不但一定会好的，将来还会有出息的。"这时我家已陷入了借钱无门的绝境，我的精神也陷入了孤独绝望的境地。我身边的人谁都怕传染上肺结核，以前在一起玩耍的小伙伴，一个也不来我家了，于是，我多次想到死，一次一整瓶的药被我攥到手里，正要往嘴里倒时，被母亲发现了，母亲伸手把药瓶抢了下来，母亲哭了，我也哭了。母亲跟我说："没想到你这么没出息，人吃五谷杂粮的哪能不生病，生了病就去死，多没出息。"我说："妈妈，我把咱们家都给糟蹋穷了，我活下去有什么意义呢，再说我的病也没个好了，别为我治了，别白花钱了。"母亲说："这人啊，真要到了危难招灾的时候，谁也帮不上你的忙，只有你自己，要横下一条心，不要轻言放弃，就挺过去了。孩子，没有过不去的坎，没有过不去的河。"这样，我在母亲的鼓励下，终于振奋起来，让姐姐帮我找来许多小人书看，慢慢地，我的病就好了起来。后来，我上学、上班、结婚、生子，在人生的旅途上，也遇到过一些挫折和困难，但是，我只要想起母亲的那句话"绝不轻言放弃"，我就会振作起精神来，迎着困难向前奔去。

　　名人有名人的家训，普通人有普通人的家训。名人的家训是挂在墙上的。我家的家训是母亲用她的行动和生命书写的，是雕刻在我心灵深处的家训。

我母亲给我的一些建议,我把它作为一生的智慧存储起来。

孩子要学会节俭。节俭是人的美德,不可以乱花钱。不要浪费粮食。

要做诚实的孩子。一个人不诚实,就会投机耍滑,诚实守信是做人的根本和底线。

一定不要怕吃苦。做事不要怕吃苦,做人不要怕吃亏。不劳而获是最没出息的人。

要善待小动物。那也是一个生命,不要随便去杀生。要善待世间一切,这样人心就会暖,你的好运也就会应运而来。

不要酗酒和赌博。这两样最败家。痴迷这两样的人,没有好结果。

我希望我的孩子也能传承母亲的家训和智慧,让家族世代薪火相传,瑞气连绵,福财齐来。

秉承好家风,家族万代传。

草木心语

秋天放农忙假，我跟村里一般大的孩子去地里捡庄稼。孩子们一大早吃完饭就从家里拿着面袋子，另外挎个笤条筐，齐整整地来到街上，到队里刚刚收完的豆地，去捡遗失下的豆粒和豆枝。到了地头，年龄大的孩子就说话了，每人两条垄，往东排，大家自觉排好队，一条长蛇阵排开，捡多捡少完全凭运气，也就是你捡的两条垄上面遗留的豆枝多，你就多捡，少的就捡不到多少。其实，拉豆子车的后面，队里已经安排社员跟车后面捡拾了一遍，我们这帮孩子去豆地捡豆子就是社员们没有注意到的星星点点的小豆枝。大家对捡到很多豆枝并不抱大的希望，我们都盼着能够在草根下发现老鼠洞，大的老鼠洞能挖出来七八斤粮食。一个人发现老鼠洞，其他人都跑过来看，并帮助往出掏豆子，到了晚上，每个人都能发现一两个老鼠洞，幸运的孩子能找到三四个。

捡到的豆枝用袋子装着，豆粒就用筐装了。年龄大的孩子背着豆枝，年龄小的孩子挎着小筐，连跑带颠地回家了。捡累了就蹲地头烧豆子吃，每个人把捡来的豆枝，拿出来一把，统一堆放到一起，然后抓把干玉米叶子，用事先从家里带的打火机点燃玉米叶子，来做豆堆的引火，再点燃豆堆，看豆枝烧得差不多了，大伙再用地头捡来的麻籽杆拍燃烧的豆堆。我们边拍边喊着："麻籽麻籽拍豆香，我吃豆子借你光，拍一下，我尝尝，拍两下，你尝尝，豆不糊，吃着香，小嘴巴，黑又亮。"孩子们吃完豆子后，就开始放臭屁，然后互相瞧着对方，那张因吃烧豆子而黑黑的嘴巴。我们互相用手指着对方取乐。吃完了就开始打闹，有的孩子好急眼，就干起仗来了，那时孩子挨打，大多数是因为跟别家孩子干仗或骂人，不管怨不怨自己孩子，都得挨父母大嘴巴或者踢屁股。那时孩子多，学不学习都是孩子自己的事，愿意学习的孩子干完活，就从书包里拿出书呀本子呀，读读书或写写作业，父母活计多，根本没时间管孩子，老师也不补课，补课也不要钱，学习重点都在课堂上讲了，孩子不会的地方，在课堂举手主动去问老师，老师都会耐心地教，直到孩子学会为止，没有课外辅导资料，更没有做不完的作业。孩子下午放学回到家里，放下书包，不是去找同学玩，就是帮家里干零活，喂小鸡、小鸭，还有喂猪、鹅，还有去田埂子、水沟旁摘猪食菜啥的。干活很快乐，在学校学习也很快乐。

  著名教育家叶圣陶说："教是为了不教。"教育是引导孩子，让他们形成良好的学习、生活、工作的习惯，提高孩子的自学能力，实现不教的目的。其实人的一生，真正获得知识，不是老师教的，而是靠自学获得的。一份调查材料显示，三分之二的知识都是靠自学而来，所以教育的目的就是培养青少年形成良好的学习习惯，引导他们掌握正确的学习方法，激发他们探求知识的兴趣和热情，使他们感到学习是件愉快的事情，而不是苦差事儿，达到"不教"的目的。初高中学生正处在青少年时期，这个时候他们大多数喜欢独立思考，并且具有反叛精神，对未来充满憧憬与理想，有独到的见解，时常做些大人们想不到的事情，因此，家长在教育孩子时，就要找出符合孩子这一时期特点的教育方法，要以孩子为中心，而不是以家长为中心，"我让你如何如何""你应该如何如何""你应该朝哪方面努力，你将来要成为什么"，孩子自有孩子的想法，正确做法就是积极引导，实现"不教"的目的。可是，现在有的父母多以自己的热情，成年人的观点去管孩子，有时还把父母的观点、意见强加给孩子，所以事与愿违，管孩子的效果不是很好。

　　捡拾豆子的记忆，回忆一段自己童趣的故事。我就这样在读书、写作、工作、生活中慢慢度过每一天。回忆那个时候真的很美好，我们一群小孩子走在田间深深的车辙里，用小脚踩着车辙里面软软的小草，软绵绵的小草就像地毯，踩在脚下十分舒服，跟走土路完全不一样，走土路硌脚，车辙里面的小草真奇怪，大马车来回碾压它，一遍又一遍，就是压不死它，淘气的孩子还用脚踢它焦黄的叶子，火辣辣的秋天，晒到小草身上的时候，我们感觉小草已经死了，可是一场秋雨过后，这些车辙里面发黄小草的叶子又绿了起来，它们的生命又被重新点燃，这些不屈的小草，在向我们傲立，我很小，但是我却无比坚强，你来踩踏我吧，你来放野火烧我吧……你们这些手段都不能让我放弃自己执着的信念，我只要拥有一份坚强和不屈的意志，就不能将我的生命之火熄灭，我就是一棵不屈的小草。

　　孩子，父母跟你一样，做不得参天大树，就去当一棵无名的小草吧，做一棵平平凡凡的小草，其实也挺好。

　　教是为了不教，爱是为了真爱。

也说《菜根谭》

我在县里新华书店碰到一本《菜根谭》,就爱不释手,便把它买回来,放在床头,现已翻烂。明代隐士洪应明著的《菜根谭》,他用一条条精彩箴言警语,向世人阐述着为人处世的道理、人生哲理、至理名言,被世人奉为修身养性的金玉良言,待人处世的真经法宝。古代圣贤并非吃闲饭的,他们积累下的宝贵精神财富,留给后人弥足珍贵,要认真阅读,深刻领会,它对我们的人生、学习、交往、修身、进取、舍得、经商、仕途、成败、治学等都有好处。

有人说,人生咬得菜根香,则百事可成。急功近名者服之,可当清凉散;萎靡不振者服之,可当益智膏。它集儒家、道家、法家于一体,蕴涵着丰富的内容,它有禅、有道、有理、有据,它有趣味、有文雅、有哲思、有明辨、有智慧等,囊括天下知识,释读人间情怀。我说,它可作为一人一家一族的修身、治国、平天下的一部教科书,陶冶性情,练达人生,学养双为,励志成才,追求成功的宝典。

比如,讲持恒事成。水滴石穿,瓜熟蒂落。水滴在石头上,时间一久就可穿透坚石,寓意做学问的人要努力用功,持之以恒,才能有所成就。只有春天播种,辛勤耕耘,才有秋天喜人的收获。瓜果成熟之后,自然会脱离枝蔓而掉落,人做事要符合自然法则,尊重自然规律,实事求是,符合客观规律,走正道,才能有正果。

比如,讲修养明志。淡泊明志,肥甘丧节,靠粗茶淡饭度日的清贫之士，操守多半像美玉一般纯洁。锦衣玉食奢侈享乐的人，多半做出卑躬屈膝的奴才面孔。寓意淡泊的生活，可以培养人坚贞的意志，而奢靡安逸的生活，则会使人气节丧尽，意志消沉。那些甘于平淡，有远大志向的人，他们虽处在喧嚣的社会中而不繁乱，能固守宁静而平和的心灵，来实现人生的目标。诸葛亮有一句名言，宁静以致远，淡泊以明志，踏踏实实埋头做事，虽然身居乡村鄙野，粗衣陋食，但有远大志向，没有不成功的。

比如，讲学业立德。学以致用，立业种德。读书如果不能领会圣贤的思想，那不过是书本的奴隶。做官如果不知道体恤百姓，那就无异于衣冠楚楚的大盗。寓意读书旨在学以致用，造福人类。居官立业同样如此，如果不能益于社会，益于子孙后代，那么官不会长久，业不会牢靠。读书要活学活用，不要读死书，死读书，读书在于运用，所以要联系实际，要把学到的东西，运用到工作实际当中。

比如，讲受挫向上。调整心态，奋勇向上。人生不可能一帆风顺，在创业之中，遇到困难，遭受挫折是在所难免的，我们面对挫折，不顺利时，想想那些不如自己的人，及时给自己以激励，励精图治，奋发图强，重新再来，面对危难，不被其吓倒，镇定自若，利用自己的智慧去战胜它。

比如，讲自然一体。自然人心，融和一体。善于和自己相处的人，怎么过，都是快乐的，善于同他人相处的人，总能给别人带来快乐。善于和自己相处的人，才会获得永恒的快乐。人和宇宙万物，自然环境，密不可分，只有回归自然，才能找到自己，感受到生命的伟大。

比如，讲立身处世。立身要高，处世要退。为人处世应立大志、立高志，唯有比别人高一步立身，才可能超越眼前的局限，这样高一些立身，高一步追求，往往使一个人成为生活的强者，竞争中的赢家。而处世则不要与人计较，争执不休，要目光远大，顾全大局，以退为进，这样才能实现自己快乐的生活目的。

比如，讲道德修养。宽恕待人，养德远害。不责备别人的小过，会使人学会宽容待人，宽厚论人。不张扬别人的隐私，有助于人们互相理解，尊重并同情他人，不计较别人的旧恶，使得人们不再纠缠恩恩怨怨，并赢得冰释前嫌的喜悦。

《菜根谭》体现了大智若愚，抱朴守拙的思想。著名作家高占祥的《抱朴守拙》是读透《菜根谭》的心得体会，写出了另一番生活哲理。他讲，抱朴，意谓抱守本真，不为私欲所惑，守拙田园归，并赋得一首《守拙歌》。

守拙歌

世人笑我拙，谁知拙为贵。
口拙无是非，事拙无冤对。
手拙不挥拳，时常笼袖内。
脚拙不妄行，邪行早避回。
举止不轻狂，银钱不浪费。
茶饭充我饥，不想珍馐味。
布衣暖我身，不想绫罗被。
须择君子友，不入奸猾队。
胸中有主张，只推聋与聩。
日里安稳坐，夜里安稳睡。
随他使聪明，反被聪明累。
行止有天良，俯仰都不愧。
我这守拙法，人人学得会。

诗后他又写道，我这里所言之拙，是拙诚之意，而非愚笨之意，因而守拙能够文以拙进，道以拙成，才以拙长，事以拙兴。可见《菜根谭》对世人的影响力。

清末大画家吴昌硕，他曾画了一个带根的大白菜，并题曰"咬得菜根，定天下事，何不可为？然这菜根辣处亦难咬，却须从难咬处咬将去"。这真是人生方渡苦难关，清淡为目，无欲为邻，才有所成。齐白石弟子李苦禅，生于贫寒，严于学问，人品画品备受世人敬仰，画风颇受齐白石大师的影响,他画白菜有铁骨铮铮之气,刚直不阿之骨,咬得菜根,领悟达观,达到了修身养性,明理之目的。可以说,修身养性真君子,虚度光阴非男儿。

  人生需要一本智慧的书,在修身、治事、成败、经事、报国、成业等方面来警鉴自己、提高自己、壮大自己。那么,我就为你推荐《菜根谭》,你把这本书作为人生的第一课,跟它结交拜把子,然后你去翻烂它,便自修而成,自悟而得,自享其果。

  咬一口"菜根",悟千条道理。

孩子会玩才会学

冬天到了,我戴着狗皮帽子拿着哥哥姐姐做的雪爬犁,去井沿旁边的滑冰场滑冰。滑冰场是大人们帮助这帮孩子冻的,坡度很大,长度也有五百米。

雪爬犁,就是下面安装两个滑冰用的"顺木板",俗名雪橇板,上面用钉子钉上几块横木板子,人蹲坐在横木板子上面,每只手拿一根滑雪的木杆子,木杆子不能太细,这样在划动爬犁时容易折断,也不能太粗,我们孩子手小攥不住,雪杖的顶头反钉个铁钉子,手握雪杖,用来驱动雪爬犁,同时起到刹车或摆正爬犁的作用。两根雪杖就像船桨一样,两只手一手握一个。孩子坐到雪爬犁上面后,用手慢慢滑动雪杖,点击冰面来滑动雪爬犁,到了滑道中间后,两只手一齐使劲,用雪杖点雪爬犁两侧的冰道,这样雪爬犁就会顺着滑冰道飞速下去了,如果滑到半道爬犁跑偏了,就用雪杖慢慢摆正爬犁,这样爬犁就会重新回到滑道中间的。等雪爬犁滑到冰道下面的终点时,我们用肩扛着小雪爬犁,再次来到滑道上面的起点,把雪爬犁往滑道上面一放,再往下滑,就这样循环往复地滑雪爬犁。一群孩子你滑我也滑,等到滑道中间大家就会挤在一起,一下子都摔倒了,这时你扯我,我扯你,都想往起站,滑道冰面很滑,没等站起来,几个孩子又一起摔倒了,非常有趣,孩子们玩得很开心。

我们不但一起滑雪爬犁,还常常在一起学习。学校根据孩子们的学习成绩,每个屯子都成立了三四个学习小组。学习好的孩子带学习差的孩子,语文好的带语文差,数学好的带数学差的,互帮互学的风气很浓,大家在一起讨论,一起做作业,学习好的孩子对自己会的知识没有任何保留,学习差的孩子不会就问。孩子没有自私自利的思想,到哪家学习,家长都十分支持孩子们的学习活动,给孩子们做好吃的,到院子里摘树上的果子给孩子们吃。在这样的环境下,孩子们愉快地学习,做完作业一起出去玩雪爬犁。小的雪爬犁能坐一个人,大的能坐两三个人,从上面直冲下来,那气势好爽啊!即使有的孩子在滑道上摔了跟头,也不哭不喊不闹,敲打敲打身上的雪,拉起雪爬犁,又玩了起来。

  我的孩子上初中没有时间看课外书,但是我还是推荐孩子抽时间去读一读从新华书店买来的《闯进华尔街的中国女孩》这本书。我感觉这本书家长都应该学习借鉴一下,特别是陈磊父母写给他女儿的《三字经》,可以作为初高中学生,在备考状态下如何来正确地面对学习、生活。

  陈磊是个品学兼优的孩子,她十分注重体育锻炼,在全省中学生速滑比赛中拿过名次,好的孩子不仅仅学习好,其他方面也很优秀。陈磊是直接被美国米德伯理学院录取的公费留学生,她学习的全部费用都由学校负责,在亚洲该校只招收2名学生。一个高中生经过半年的努力就通过了托福考试,就是大学本科毕业的学生也很难做到,陈磊真是不容易啊。陈磊考入三中时,在班里不到前10名,一年后,她通过努力考到了全学年的前几名,到高中快毕业时,就到了前3名,是重点大学的保送生。陈磊就是这样一个不停努力,不断超越自己,超越梦想的女孩。到美国读书后写了一本书《闯进华尔街的中国女孩》,在书中陈磊介绍了爸爸妈妈写给女儿的《三字经》:

  "志要坚,不动摇;心要静,不烦恼;情要稳,不急躁;劲要足,不躺倒;招要多,不断找;脑要灵,不毛糙;觉要足,不可少;吃要香,不能挑；钱该花，不计较；体要健，不怕熬。"

这60个字，不仅仅是陈磊爸爸写给女儿的，也是我们这些家长的心声，送给正在读初高中的孩子们。根据我理解的程度，来解释一下这篇《三字经》：志气一定要坚定，不能随便摇摆不定；备考迎战，心情一定要安静，不要有太多的烦恼；考前情绪很关键，一定要稳定下来，切不可急躁；劲要使足，不要使自己松懈下来；面对学习困难，要不断寻找新的招数和途径；脑袋要灵活，不要着急忙慌，导致出差错；必须睡好觉，养足精神头，这是必不可少的；吃饭不要挑剔，身体才不能出毛病；家里虽然没有多余的钱，但是不要过于计较花钱的事，该花钱的地方一定要舍得花钱；身体健康，才能不怕熬夜。这60个字句句在理，句句含情，对临战备考的中高考孩子们，应视为经典词句，背诵下来，把它们运用到学习生活之中。

我想正是这60个字的《三字经》让异国他乡的女孩陈磊，走出了困惑，走出了迷茫，克服了各种生活、学习上的困难，取得了学业上的成功。我相信孩子们要以陈磊为榜样去学习，去工作，去生活，也一定会跟陈磊一样成为一位优秀的好孩子。那么，你们就要向陈磊学习，学习她那种顽强拼搏，自强自立的精神；学习她目光深远，立志成才的远大抱负；学习她勇于上进，不怕困难的勇气；学习她勤奋好学，不甘落后的精神；学习她改变自己，适应环境的能力；学习她勇争第一，敢超他人的魄力；学习她永不气馁，勇往直前的信心。如果你想考上理想的大学，实现自己的远大志向，只有不惜付出一切的代价，争取学习上的最大进步，让学习成为一种习惯，成为一种自我奋斗的精神，这样你才能一往无前，你也会跟陈磊一样，成为很棒的孩子。

我儿时玩雪爬犁的故事，已被时间消磨殆尽。当下的学子们一定要向陈磊学习，集中精力，广博求知，用心圆梦，奋发有为。

临战而不甘落后，应考应负重前行。

我能行

小时候我长得瘦小，但由于坚持练习滑冰，每年全校滑冰比赛我都会闯进小学高年级组的前几名，却从没拿到第一名。若获得这枚金牌，我就可以跟我们屯子一般大年龄的孩子吹吹牛皮，那是孩子显摆自己的堂堂正正的理由。一个屯子一起长大，天天一起滑冰，偶尔也比赛，但是老师不在跟前，你取得多么好的成绩也不顶事。只有学校发的奖状和奖牌，放到家里，挂在墙上，那才是成绩。我有信心，获得这张奖状，我能行！

滑冰场就在小学校东边柳河上，是老师和学生一起动手整理出来的。一到冬天，上体育课，老师就领我们到河面上滑冰，男孩子穿的冰鞋大都是自己做的，女孩子的冰鞋有哥哥姐姐做的，也有父母帮忙做的。滑冰鞋其实就是一个木头板子，比脚上穿的鞋略微大一点，板子底上绑两条直的粗铁丝，前脚掌横断面头上钉几枚钉子，钉子帽故意露出来，一抬脚就能刹住，一到冬天，教室的一角堆着大大小小的滑冰鞋，上面写着它主人的名字。学生们大都提前到校，利用上课前这段时间滑冰，离学校近的孩子，放学了也不着急回家，一个个在河道的冰面上滑冰玩，玩够了才回家。所以学校里的学生个个都是滑冰能手，多次在全乡比赛中获得大奖，我滑进前几名就已经很不容易了，可是我很想争这个第一名，我能行。

滑冰是冬天能玩的游戏，夏天就玩河滩的沙子。弯弯曲曲的河流,河滩上留下我们的脚印。堆沙子的游戏让我至今记忆犹新,轮流用沙子埋,一个人只留下两只眼睛,十多个孩子在河滩上排成一排,我们都变成了沙人。然后一齐喊,"起!"这时满身的沙子就像水瀑一样从身上滑下去,好玩极了。你喊一声,他接下来也喊一声,就这样埋自己,站起来甩净沙子,再埋自己,再甩掉沙子。儿时啥事都容易忘记,唯独那些有趣的游戏没有忘记。刚入秋,岸边的草丛里的蝈蝈们的叫声此起彼伏,引诱我们这帮小孩子,成群结队地去抓蝈蝈,听到叫声,我们就悄悄地爬过去,埋伏在蝈蝈叫唤的树枝或蒿子旁边,等待它们再一次叫响。正当那只蝈蝈在蒿子尖上得意地鸣叫的时候,我们就忽然伸过手去,把蝈蝈捂在手里,抓住后,装进手提的麦秸蝈蝈笼里面。笼子里早已分层装上了铁蝈蝈、大将蝈蝈、绿豆蝈蝈、黑眼睛蝈蝈等。我们玩累了,一个个躺在山坡上的软草地上,看着一望无边的荒草地,还有草地上五颜六色的野花,鼻子里嗅着花草香味,互相比赛看谁的蝈蝈叫得最响亮,看谁的蝈蝈个头大,还可以互相交换蝈蝈,玩够了,疯够了,然后仨俩一伙蹦蹦跳跳,欢欢喜喜地回了家。

抓蝈蝈、埋沙子是我儿时喜欢玩的游戏,但是,我最喜欢的还是滑冰。因为,原本不可能的事,通过拼搏我竟然获得了四年级全学年滑冰比赛的第一名,这个名次出乎所有人的意料。并且将第二名落下很长一段距离,这是实打实的第一名。比赛前,我就在心里暗暗较劲,这回我一定要争个第一回来,我能行,我肯定行!我仔细盘算一下,每年跟我相差不多的几位同学,虽然他们都比我身体强壮,但我的灵活度和技巧要比他们强很多,权衡利弊后,我感觉拿下第一名应该没有啥问题。预赛后,闯入决赛的20多个人一同站到起跑线上,等待发令老师的口哨,口哨一响,同学们像小飞燕似的飞了起来,滑了5圈后我在第2位,滑了7圈后我已领滑,原先在别的跑道看热闹的同学,呼啦一下子都挤过来,给我加油,第9圈时我已把身后第2名甩下大半圈,第10圈撞线,我获得了全学年第1名。当时班主任老师很惊喜，甚至校长都没想到，这样一位瘦瘦的小个子竟然获得了第一名。校长在全校大会上还表扬了我努力拼搏，勇夺第一的精神，他亲手给我发放了荣誉证书，老师同学纷纷为我祝贺。后来，我再遇到啥事儿就暗暗给自己加油，我能行，我一定行。

　　孩子上初中了，他很自卑。于是，我跟他一起读《闯进华尔街的中国女孩》这本书，我还跟他讲了自己儿时滑冰争第一的故事，只要肯吃苦，肯努力，你也会跟陈磊一样取得成功。陈磊常挂在嘴边的一句话就是"我能行"，她在这句话的鼓励下，一直朝前走，坚守着"永不言败"的信念，于是，她就考上了美国米德伯理学院。独自行走，是一个坚强的人的自我选择，被人鼓励是外在的需要，自己鼓励是增强自己信心的内在需要，倘若没人鼓励你，那么你会泄劲的，只有自己鼓励自己，才最实在、最可靠、最有用。只要你敢于选择胜利，那么你的一言一行，一举一动都会充满坚强的毅力，坚定的信心，你就绝不怀疑自己所确立的目标，你就会想尽一切办法去克服眼下的困难，去创造一切成功的条件。我能行，我一定能行，内心就会升起战胜的潜能，这种潜意识，就会帮你增加信心和力量，你真的就会越来越好，越来越强。

　　人们做事的成败，心理素质要占到50%以上，很多事情还没有去做，就谈自己不行，要敢想、敢干、敢试、敢闯，做人必须有信心和胆量，特别你还是一个男子汉哩，一定要有英雄豪气。陈磊既然说自己能行，那么你还怕什么，爸爸肯定地告诉你，你能行，你肯定能行，你真的能行！但是，你要通过自己的行动，证明你能行！陈磊在书中写道，美国学生很值得我们学习，他们中有些人给我们的印象明显是不怎么样的，可是他们从来没有自卑过，每天脸上都挂着笑容，他们非常自信，能够大胆地表现自己，我能行，真的给他们带来了十足的信心和运气。他山之石，可以攻玉。不管是谁，只要经验好，我们就虚心去学习，美国孩子自我肯定，积极做事，那咱们就向他们学习，我能行，所以，我们的运气，也就不会差的。

　　陈磊"永不言败"的劲头，太值得你学习了，不要让别的事情，动摇你学习的信心，分散你的精力，不论学习中遇到怎样的困难，学习成绩暂时不好，甚至学习成绩下降，你都不要动摇自己很棒的信念。记住，心存怀疑就会失败，相信胜利就能成功。无论是谁，怎样优秀，都不可能次次第一，所以只要努力，你也会夺得第一的。《走进清华》这本书写道，有个学生成绩下降到全学年倒数第一，那又怎样？他还是通过刻苦努力，逐渐地又追了上来，最后考入了清华。成绩下降说明不了什么，关键是你自己的心态输掉了没有，心态没改，信念没松，"我能行""我肯定会上来的""我一直在努力"就不怕落后，不怕考试成绩下降，但是，你不能在那只空喊口号，不努力、不行动，那样恐怕无济于事，你必须要比平时更专心、更细心、更努力、更用功。经过一段过程，你回过头来再看看，你突然感觉自己考试的成绩越来越好了，甚至连你自己都不信了，到那时你很惊讶地发现自己，用"我能行"，来鼓励自己，真管用啊，这时，你才恍然大悟，原来我很优秀，一点儿不假。

　　贫困人常能白手起家，反之，承继父母财产的人却往往没落。由这等事情看来岂不明了，没有欲望的人，就好比没有上发条的钟一样，要钟表走动，必须要费些劳苦亲自卷紧发条。爱因斯坦小时候妈妈鼓励他说："没有人比你更优秀，但是，倘若你不做事情来证明，那么你与别人也是毫无差异的。"任何竞争不光要有一种劲头，毕竟要靠实力取胜，不仅仅说我能行，还要实实在在做到：我真行！

　　卢勤老师写过一本《告诉孩子你真棒》的书，文中写道，把孩子变成财富的箴言就是"我能行"。我认为，成功是一种感觉，一种态度。"我能行"是成功者的态度。"我不行"是失败者的态度。人改变了态度，由消极变为积极，由"自我放纵"到"自我约束"，由"我不行"变为"我能行"，就会获得成功的感觉，最终改变自己的命运。当一个人真正明白自己的价值，他决不会轻言放弃，无论他多么痛苦，多么无奈，他都会面对世界说："我能行！"

卢勤老师还讲了一个16岁孩子王换生的感人故事，王换生从7岁开始每年365天中有100多天是穿着石膏"裤子"卧床在家，连身都不能翻，9岁那年还做了8次大手术，可是，王换生却靠"我能行"战胜了病魔，靠自学考上了重点高中。北京光明小学为"我能行"还编了一首诗，很值得我们学习，相信自己行，才会我真行；别人说我行，努力才能行；你在这点行，我在那点行；今天若不行，争取明天行；不但自己行，帮助别人行；能正视不行，也是我能行；相互支持行，合作大家行；争取全面行，创造才能行。卢勤老师最倡导的就是"我能行"，它能激励人、鼓舞人、引导人，通过这种教育方法使很多孩子取得了成功。

你要怀抱"我能行"的信念，把它根植在你的脑海里，行动中，这样你就会满怀信心地战胜学习中一个又一个困难，去雄心勃勃地挑战自我，永不言败。孩子，你去努力吧，我相信你，你能行，你一定能行！

我儿时滑冰去争第一名，树立了人生去拼搏的信条。目前，你所面临的学习困难，是和其他学生一样的现实问题，不用怕，怕也没有用，勇敢面对，积极前行，我能行！靠它来开路吧，你一定会崭露头角，成为学习的佼佼者，你能行，你真的能行！

你肯定能行，信心伴你行。

剪枝只为果满园

父亲在院子的菜园子里,种了20多棵果树,他年复一年给果树剪枝。

入秋的时候,父亲远远地瞧一阵子果树,给需要剪掉的大树枝系上红绳,然后用锯把拴红绳的树枝一个个锯掉,修剪后的果树就跟人理过发似的精神了几倍。春天来的时候,父亲如出一辙,这回他直接站在树下,在近处观看果树,用手左扒拉一下这个小树枝,右扒拉一下那个小树枝,只要他看不顺眼的,就直接用果树剪把枝权剪掉。

父亲给果树剪枝的作用相当有效果,别人家的果树隔几年就修枝,结的果子也很少,甚至一棵树一个果子也不结。而我家果树却是年年开花结果,从来没有休枝的时候。春天花开满枝,秋天红果满树。那满树红彤彤的果子,让邻居家的孩子羡慕不已,直夸父亲的手艺。你的父亲真能干,结的果子又好吃又好看。

我是在父亲修剪树枝中渐渐长大的,小时候踮起脚尖也够不着树上的果子,但是,我有办法吃到树上果子的,趁大人不注意,溜进园子中的果树旁,不是用棍子打果子,再不就用脚突然猛踹树干,那些熟透了的果子,在枝丫的抖动下,就会掉到树下,我捡起来,揣进兜里,去跟我的小伙伴们分享。等我用手可以摘到果子的时候,就能给父亲当帮手了。父亲说,修果树和培养人是一个道理,有些树枝旁骛斜长，你心疼它不行，真要影响到将来结果的枝丫，必须用锯子锯掉它。这和人一样，小时候就要养成好习惯，长大了就会成才。如果养成懒惰、自私自利、不遵守规矩、怕吃苦、怕挨累，这些坏毛病，那么这个孩子将来很有可能一事无成，走下坡路，甚至犯法。所以小时候必须得下狠心，改正那些能够影响孩子健康成长的东西，有时甚至为了让孩子有记性，大人还会动手打孩子。因为孩子太小不知道是与非，好与坏，对与错，不管不行，为了让孩子健康成长，就得管孩子，给孩子"剪剪枝"，坚决把那些影响孩子成长的"树枝"剪掉。所以，教育孩子要趁小趁早，小毛病养起来就是大毛病，这就跟父亲给果树剪枝是一个道理的。

父亲作古后，他给果树剪枝的事和道理我却难以忘掉。孩子上中学了，他没有看见爷爷给果树剪枝，我也没有给他示范如何去给果树剪枝，但是孩子思想和身体的突变，他的叛逆却让我担心起来，孩子身体一天一个样，心理变化也是一天一片云彩。以前的"乖儿子"，现在却变成越来越不听父母的话，表现出越来越多的"叛逆性"，不仅同父母说话越来越少，而且还时不时地犟嘴，使我感到教育的必要。

孩子牵动着家庭，孩子牵动着社会；孩子关系着国家，孩子关系着民族；孩子决定着现在，孩子决定着未来。未来是孩子们的，他们的成长不仅影响着家庭，而且影响着我国今后的建设和发展。教育家余心言说，教育孩子，从来都是人生的一件大事，牵动着千千万万父母的心，因为，孩子就是我们生命的延续，人生百年，转瞬即逝，有了孩子，我们的愿望，我们的理想，才能子子孙孙，传之久远，譬如积薪，不断开辟新的光辉领域。现在独生子女家庭比较多，过去孩子多，可以在第一、第二个孩子身上取得经验，然后再教育其他孩子。现在只能成功，不能失败，一个孩子失败了，你就是100%失败。没有试验的机会，没有总结的时间。你只能前进，不能后退。在教育中，家庭教育又是第一位的。父母的教育同学校教育、社会教育不能相比，父母不仅是孩子的启蒙老师，而且是孩子终生的老师，是孩子成长的最关键、最重要的老师。家庭教育好了，孩子就会成才，教育不得当，孩子就会误入歧途，滑入深渊，难以补救。

目前我国的教育已成为每一个有孩子的家庭的重大事情，城里出现了父母陪读，父母不惜在孩子身上花去家里几年，甚至十几年的积蓄。在农村父母为了供孩子们读书，有的人家借遍了亲朋好友，等孩子大学念完了，家里已经欠下了几万元的饥荒，即便这样，这些父母也没有一点怨言，他们心甘情愿地为孩子工作着、奔波着、劳作着，把所有的希望都寄托在孩子身上，只盼孩子有个出息，好改变孩子的人生命运。一旦孩子成绩上不去，家长就十分焦躁，家长的急功近利，势必对孩子产生很大影响，孩子成绩的提高，不是一天两天的事，孩子的教育，也不是一朝一夕的事情，而是长期的、持久的事。十年树木，百年树人。

我记得有这样一个故事，有一位父亲每天给女儿写一个纸条，说一句话，同女儿交流，沟通和鼓励，每天女儿靠着文具盒里面的纸条，燃起了学习信心，增加了学习兴趣，懂得了做人处世的道理，后来考上了理想的大学。我下乡已经半个多月没有回家了，即便回家也是很晚才到家，一大早又走了，跟孩子说不上几句话。虽然给孩子打过几次电话，但是他在电话那边"嗯、嗯"地应付着，时不时还表现得十分不耐烦。我们都为孩子的快速长高而自豪，也为他的身心健康而担忧。所以，我也效仿别人的教育方法，提笔给孩子写信，其实就是每天写一些叮嘱的小纸条而已。因为用这样的方式，可以解决当面不便说，又不好说的话，即使你说了，恐怕孩子一时也难以记住和理解。父母把想要说的话写在纸上，放到孩子能看到的地方，这样就可以让孩子反复思考，反复理解，以便让孩子真正理解父母的良苦用心。

每个父母对孩子都有操不完的心，说不完的牵挂，总会担心这个，担心那个，总想让孩子健康顺利地成长。我想，孩子在初高中阶段，不仅要学习好、身体好，更要有一个好的人生观和价值观，要有一个良好的精神风貌和精神状态。这就好比孩子正在学习驾驶轮船，航行在学习这一辽阔的海面上，这里既有广阔无边的大海，喷薄而出的红日，五彩斑斓的海鱼，也有暗礁、涡流、狂风、巨浪，这时你要教孩子掌好舵、驾好船，让孩子顺利到达彼岸。所以，在这种情况下，孩子很有必要去听一听父辈们，一个老舵手的意见。因为，他们在人生的海洋里遨游了几十年，经过风雨，见过世面，遇到过数不清的惊涛骇浪，这些足可以成为你学习生活的宝贵经验，让你少走些弯路，尽快到达理想的彼岸。

父亲给果树剪枝，为了果树能多结几枚果子；我给孩子写纸条，是想让孩子健康快乐地成长。拳拳父母心，只盼子成才。

孩子是棵树，剪枝不旁骛。

口哨与胆量

小的时候,在一个初秋的深夜,妈妈突然生病了。妈妈烧得非常厉害,大滴大滴的汗珠从头上落下来,甚至妈妈被高烧烧得迷迷糊糊的,家里又没有大人去接医生。我必须自己到四里地以外的大队卫生所去接医生。那漆黑的夜晚,使我害怕极了,虽然拿着手电筒,可是道两旁长着高高的蒿草,被风吹得哗啦啦作响,吓得我心惊肉跳,越害怕越想回头看,越回头看就越害怕,越害怕就越回头,更何况还要路过一段阴森森的坟地,在那个漆黑的夜晚,猎猎的风声里,只有我一个八九岁的孩子在独自行走,别说是小孩,就是大人在这种情况下也容易胆怯而失去勇气。我一想到妈妈病得那么严重,得赶快接来医生,给妈妈治病,我就什么都不害怕了,大声地吹起了口哨给自己壮胆,于是,我什么也不去想,也不往路两边看。你猜怎么着,我真的不害怕了,我战胜了恐惧和害怕。接来医生,给妈妈看好了病。医生跟妈妈说:"你家孩子真勇敢,是个有出息的好孩子。"他说出诊这么多年还是第一次在深夜里被一个小孩子接诊的。医生跟我说,他经常走夜路,其实跟白天一样,人都是自己吓唬自己,你啥也不想,就不害怕了。医生经常夜间出诊,我想他说的话肯定有道理,所以害怕不是夜晚造成的,是自己心理导致的,环境导致的,心里不害怕,就不恐惧了。一个人在一定程度上,都要独自行走在人生的大道上,你害怕也没有用,这个时候如果没有人来帮你,那么就只有你自己帮自己,所以,必须吹起壮胆的"口哨",给自己打气、壮行。虽然我独自一人,但没有了不起,路,自己走,事,自己做,我自成功不待言。

长大了,很多时候需要的是一个人来面对复杂的社会,世态的炎凉,挣钱养家的不易,一个人想要好好地生存下来,真的很不容易,人必须要有胆量和胆识,不当懦夫,只当英雄。

古语道:"每临大事有静气",动如猛虎,静如处子,在非常的情况下,有一种大气、霸气和傲气,这就是男子汉。你是个男孩就需要这种超乎常人的冲天豪气,一个人的成功需要一种机会,要有敢于抓住这种机会的胆量和勇气。胆小者,受不住惊涛骇浪,放弃了追求;勇敢者,迎难而上却成功了。你们这一代人太享福、太顺了,被父母娇惯得不得了,不要说不敢走夜路,就让你们独自一人办点事儿,都唯唯诺诺,甚至自己在一个屋子里睡觉也害怕,总之"我就是胆小,你有什么办法"。我想说,孩子勇敢些,再勇敢些,因为你是男孩,不行就大声地吹起口哨,把一切怯懦都挡在门外。你要当个勇敢的孩子,任何事情都可以战胜的战神,怕什么,什么都不要怕,这才是你应持有的态度。

有胆量不是鲁莽行事,而是要胆大心细。莽撞是不假思索的冲动,而胆量是越到关键时刻,越能够沉着冷静,做出正确的选择。张飞在长坂坡,面对强大的曹军,他采取了马踏尘土用来迷惑曹操,让多疑的曹操怀疑林中有伏兵,他还单枪匹兵立于长坂桥前,喝退曹兵。本来是张飞危在旦夕,祸到临头,可却因他胆大心细,让自己的劣势转化为优势。孩子,没有胆量可不行,因为世上每一件事犹如大海,风平浪静只是一时的,惊涛拍岸才是经常的。当下孩子走走夜路害怕,出趟远门害怕,干点大人活计,因怯懦而害怕,有些事情不能全靠父母帮你,雄鹰只有练就自己的翅膀,才能飞向蓝天,把自己的胆量锻炼出来。去闯,但不盲目地闯;去做,但要有计划地去做。要保持那种临事之前的静气,诸葛亮唱的空城计,胆识超人，令人叫绝，明明城中无兵，可是他却大开城门，端坐城楼，悠闲地弹着琴子，那不乱的琴声，稳如泰山，静似流水，能在临危之前，保持如水心境，没有胆量能行吗，男儿有志先有胆，渡过劫波奏凯歌。

　　人不光要沉着冷静，而且还要有胆量，其实世上任何事情，都没什么了不起，拥有胆量，你就拥有了良好心态。无论遇到什么样的情况，你只要勇敢地吹响你心中的口哨，吹起你的勇气来，面对它，走过去。

　　青年人的特点就是顾虑少，有激情，有豪气，天不怕，地不怕，所以青年人创造了世界，创造了一个又一个奇迹。你不可少这股青年人的冲劲，不要怕跌跤，不要怕失败，敢于摔倒的未必不是勇士，敢于迎难而上的才是硬汉，不要怕挫折，做人要学会坚强，只有敢于接受惊心动魄的挑战，才能取得超乎常人的胜利。咬一咬牙，没有什么事情过不去的。当你感到自己真正无路可走的时候，感到生活真没了信心的时候，感到自己真的承受不了的时候，鼓起你的勇气来，就像划破天空的那道闪电。

　　妈妈的偶然一次患病，给了孩子一次壮胆的机会，让孩子有了一生天不怕地不怕的自信，从此不再唯唯诺诺，不再依赖父母。独闯天下，那是人生。请吹起你心中的口哨，相信自己，勇敢面对，迎接挑战，才是英雄好汉。敢于去浪尖上搏击，风口上练胆，才是真正的舵手。沧海横流，方显英雄本色。

　　人需要勇气，更需要胆量。

热爱生命

孩子升初中了，又是青春期，到了我为他担心的时候。早恋，不爱学习，总玩手机，许多问题一下子涌了过来。你不管他，怕他陷进去不能自拔；你管他，他就跟你拧个劲。家长担心孩子青春期的叛逆，如果出现心理偏差，容易造成极端行为，给家长整得左也不是，右也不是，孩子到了这个时期，真令家长头疼。感觉到怎样管孩子都是错，孩子茫然，家长无奈，主要是我们身边的孩子总有出事的，更让人担惊受怕。

每个人只有一次生命，太珍贵了，它不属于你自己，它属于整个世界，你无权随意糟蹋它。父母含辛茹苦把你养大，可是，你却以伤害他们的方式离开人间，你给他们留下的不是思念，而是愧惜和痛苦。你以为人一死了之，什么都不存在了，其实，你给父母和家人的痛，是永远不会消失的。凡是轻生自杀的人，都是自私自利的人，都是心胸狭窄的人，都是好钻牛角尖走极端的人，他们只想到自己，没有别人；只有消极，没有积极，所以，让孩子树立正确的人生观和价值观非常重要。一定要让孩子感觉到，外面的世界很精彩，世上不只有他自己，而且还有靓丽的风景和美好的未来。

《极限人生》的作者朱彦夫，是一个在朝鲜战场上失去四肢和左眼的人，他创造了许多奇迹。他历时7年，八易其稿，用残存的上肢夹住笔，写下了30多万字的长篇自传体小说。朱彦夫没读过初中，能创作完成这本书多不容易，他身残志坚，热爱生命。他说，他也有过困惑，刚从朝鲜回来，连吃饭都很困难，也想到了轻生，可是他很快走出了泥潭，迎接新生活，用坚强的毅力，证明自己，我能行，绝不能轻生，如果轻生，那才是没出息，也对不起跟我一起并肩作战的战友。朱彦夫敢于向生活困难挑战，不回避矛盾，不逃避现实，不厌弃人生，终于历尽了千辛万苦取得了成功。他的事迹不正说明了人生多一点风风雨雨，不是一件坏事而是好事，唯有这样，才能锻炼你的毅力、意志、勇敢、坚强、定力，等等，也只有这样的人生，才属于辉煌灿烂的人生。

站在高山往下看，生命多么顽强，看一看你踏过的小草，它那么弱小，人们反反复复地去践踏又能怎样，小草还是小草，它仍然在那里顽强地生长着，绿意葱葱；你再看看长在岩石上的小树，一点土壤都没有，在那么严酷的条件下，它仍然自由快乐地生存着。选择轻生，却不如一棵树、一株草，关爱生命、关爱自己、关爱你的亲人和宝贵的青春，这才是你正确的选择。有的孩子说，一天真没意思，那是你没干有意义的事情，别的孩子不也和你一样吗，为什么他们把全部精力都用在学习上，问问他们，就会告诉你，读书多有意义啊。很多知识，很多本领，很多喜欢的事物，都是从书本上学来的。如果有机会，家长带着孩子去看看大海，让孩子的视野宽起来，让孩子的心胸大起来，让孩子的眼睛明亮起来。假如你领孩子来到海边，如果恰逢旭日从海面上升起，那波澜壮阔的美景，就会送到你眼前，当你独坐海边看潮起潮落，那浩瀚无边的大海，让你知道什么是包容；当你看海上航行的轮船，在海面上它只不过是一叶小舟，才知道什么是博大；当你看到大海里喷薄而出的太阳，云蒸霞蔚，你才知道什么是壮观；当一阵海风吹来，浪花轻拂你的脸庞，踏着绵绵的海滩，走着走着才知道了什么是惬意。人生如大海行舟，千辛万苦，劈波斩浪；人生如登山观日，历尽苦难方见绝美。只有懂得美，才艳丽；知道爱，才懂得幸福。美丽背后，是艰辛的劳动；爱的身后，是无私的奉献。你追求成功，就要勇于付出代价；你追求幸福，就要乐于奉献。

我感觉家长不要对孩子期望值太高，不要对孩子要求太严，不要对孩子管得太过分，更不要对孩子整天絮絮叨叨，你说家长整天净事儿，孩子能受得了吗。现在的孩子确实学习很单调，功课多，压力大，心理不成熟，这些就让他们难以承受了，所以，孩子最需要家长帮助疏导，而不是盲目地指责。家长要多关心孩子，多开导孩子，多领孩子出去见见世面。分析一下孩子为什么走入极端，想不开去轻生的主要原因，年龄小不经世，没遇到挫折，父母娇惯，除学习之外，业余活动少，所以，他们遇到事情，就非此即彼，看事物只见现象，不看本质；只看眼前，不计后果，这个时期的孩子正处在长身体，长知识的关键时候，孩子们很迷茫、很困惑，又很无奈，很无助，需要的是定力、忍耐力，更需要鉴别力，抵制着带有"陷阱"性质的欲望，这时的孩子们需要在父母的鼓励下，走出泥潭，迈着坚实的步伐，沿着人生正确的轨道，朝着自己光辉的彼岸航行。

家长让孩子接受挫折教育，失败教育，增强他们面对困难的信心和勇气，这是十分必要的。"00后"的孩子没有经历过20世纪五六十年代孩子的苦和累，现在每家对孩子都娇生惯养，十分溺爱，所以，他们遇到一点事儿，在心里就扛不住了。在世界上无论干什么事情，总得付出汗水和泪水，总会遇到各种各样的挫折和困难，不惧怕挫折和困难，这才是正确的选择。所以，孩子，你无论遇到啥事儿，都不要太在意，多大的事儿，天不会塌下来。如果天塌下来的话，不是还有那些高个子顶着嘛，你怕什么呢。站高了，就觉得世界不只有自己；看远了，我是大千世界的一粒小微尘；看淡了，成败不论英雄，此次失利，未见我将来不成；看轻了，我是浮云一小朵，有啥大不了的，飘到哪里算哪里。

当一个孩子为作业留得太多，而烦恼时，若他看到贫困山区的十三四岁的孩子还没有上学，他才知道我有明亮的屋子住，有书读，有父母辅导，有老师教课，我该是多么幸福和自豪。生命中很难选择自己遭遇什么样的境遇，或选择你在哪里出生，但是你可以选择自己对待遇到这些事情的态度。现实生活中，比你压力大，比你烦心事多，比你苦恼的人多得多，糟糕得多，可是，他们却能够积极面对，不逃避现实，不拒绝苦难，积极的心态，让他们在这糟糕的境遇中，却过得比平常人还坦然还幸福。所以，无论你遇到什么样的苦难，你都不要太在意，你就想，多大个事儿，挺一下吧，再挺一下，实在坚持不住了，咬咬牙再挺一下，也就过去了。

孩子，你的人生才刚刚起步，而且仅仅走了那么一小步，前面的路很长很长，高山流水，百花缤纷，世界多好。想不开是傻瓜，想开了才对路。不能衣来伸手，饭来张口，白天黑夜颠倒，整天玩手机，无所事事，社会不会容纳一无是处的人。迎难而上，你才能逆行而进。你有困惑，你有忧虑，这是青春期的人都会遇到的事情，不要大惊小怪，不要小题大做，要正确对待，从容应对。

人遇到事情，不要钻牛角尖，也不要遇到点事儿总往消极方面去想，这样越想越消极，越想心里越难以承受。把心想窄了，把事想大了；把未来想糟糕了，把自己的路想没了。你想一想，早上两三点钟起床的大街清洁工；你想一想顶风冒雨站大街的农民工，他们干着最辛苦的活，挣的却是最少的钱；你想一想赚不到几个钱，出早市的老百姓，看看他们天天早上忙碌的身影；你想一想在四壁透风读书的穷人家孩子，他们多么渴望能够把书读下去，读到初中，读到高中，甚至梦想读到大学，他们宁可挨饿，也要坚持上学，他们为了读书而克服了常人难以想象的一个又一个难题。孩子，你同他们比起来，你的困惑严重吗，你的苦难大吗？你只不过是走进了思维的死胡同，人要是往窄处想，是越想越窄；要是往宽处想，是越想越宽。人生舞台这么大，咱不演主角，演个配角不好吗！孩子，人活一世，不能白活，这么大的世界，在地球上干点啥不行。

有句话说得好,没有过不去的火焰山。走过去,前面就是顶点。记住,磨难是造就一个人成功的摇篮。小磨难成小材,大磨难成大材。真正取得成功的人,都是从磨难中走出来的。无论你遇到多么难的境遇,一定要抬起头,挺起胸,面对现实、面对生活,迎面走上去,你有这个能力,能承受这个磨难,相信自己。

历经磨难好做人,珍惜生命好人生。

自己事自己做

我四五岁时，体弱多病。那时家里困难，没啥给我这个"小不点儿"吃的。晚上，母亲领我到村里王豆腐匠家，求他隔三岔五在点豆腐之前，从熬豆腐的大锅里，挑出来一张豆腐皮给我吃。

记得第一次去吃豆腐皮，是在很冷的冬天，早晨五六点钟，正是鬼龇牙的时候。母亲领我绕道去的，到了村里做豆腐的屋子，我的帽子、鼻子、眼睛上全是霜。王豆腐匠说："你来得正好，我还没点卤水呢。"说话间，他拿着一根长长的高粱秆，一下子就从大锅里挑起来一张豆腐皮，放到了事先准备好的葫芦瓢里面。他跟我说："小子，你去我住的屋里吃吧。"王豆腐匠住的屋子，也就四五平方米，没有窗户，门开一条缝，水蒸气也跟着进来了。我进小黑屋子里吃豆腐皮，母亲站在大院子的大门口处，在冷冷寒风中看着，主要怕队长忽然来检查工作，说白了是怕别人发现我吃村里的豆腐皮。王豆腐匠跟母亲说："你以后不用送孩子来了，让他自己来吧，真要碰到人，我还好说。这个孩子怪可怜的，吃张豆腐皮度个活命吧。小孩懂啥，一个人跑来吃口豆腐皮，还是我答应的。"王豆腐匠在往自己身上揽责任。不久，我偷吃村里豆腐皮的事还是被队长发现了。好在，当时我不在现场，整个过程是王豆腐匠的媳妇跟母亲学的。队长把王豆腐匠好一顿骂，还要撤他的职。王豆腐匠很喜欢我，忙里偷闲地给我讲故事。1个月后，我的脸红润了起来，浑身也有了力气，一天，母亲带我到王豆腐匠家去感谢他，母亲不让我再去吃豆腐皮了。可是，没过几天，王豆腐匠和他媳妇就来到我家，他媳妇说："看你家孩子干巴的，这小命都难熬啊，既然吃了，队长也默许了，这时候家家都难，让孩子去吃口豆腐皮度个小命吧。"王豆腐匠也接过话头说："你家的小兔崽子不给我烧火，我这豆腐都做不好了。"其实，那是王豆腐匠的一句借口罢了，他希望我靠这张薄薄的豆腐皮度过这生命的截波。

在跟王豆腐匠相处的时间里，让我感动和记住的不仅仅是他为一个孩子活命而勇于担当起被撤职的责任，而是他跟我讲的那些做人的道理。他说，人这一辈子，事要自己干，命要自己想办法活，不要依赖别人。王豆腐匠跟我讲，以前他根本不会做豆腐，也吃不了那份贪黑起早的苦，可是为了使一家人能够活命，能养活他们，他就拼了命地跟师傅学会了做豆腐的这门手艺，并且在煮豆子、泼豆腐、熬豆腐、点卤水等方面甚至比他师傅做得还好。人靠谁也靠不住，只能靠自己。

我记得哥哥给我讲过郑板桥的故事，郑板桥老来得子，十分喜爱，临终前，他叫儿子做馒头给他吃，可是儿子哪会做呢，没办法，只好去请教厨师。当儿子费了九牛二虎之力做成馒头端来时，郑板桥已断了气。儿子跪哭床边，发现父亲留给他的一张纸条："淌自己的汗，吃自己的饭，自己的事情，自己干。靠人、靠天、靠祖宗，不算是好汉。"郑板桥临终前不是留给儿子家财万贯，而是一笔难以用金钱来衡量的宝贵精神财富，要想取得成功，只有靠自己去努力，别人是靠不住的。让儿子亲手做馒头，就是让孩子知道做事之艰辛，原来张口就能吃的馒头，做起来是这样费时费劲不容易。那么生活容易吗，郑板桥是在教育孩子要自强自立，独步天下，靠别人、靠父母，不但不靠谱，也不现实。唯有靠自己，努力去奋斗，才能开辟出未来的一片新天地，才能获得命运之神眷顾你的丰硕果实，才能创造自己的幸福生活。

现在的孩子是家人围着转，爷爷奶奶、姥爷姥姥、爸爸妈妈、姑姑姨姨、叔叔伯伯，条件好的还请保姆，是饭来张口，衣来伸手，就知道一天天伸着小手向家长要钱，他们以为家长的钱是大风刮来的，不知道做事之艰辛，挣钱之不易。他也不管家长起早爬半夜专为他做饭有多么辛苦，更不管家长自己生活多么节俭，只为了他攒下读书的钱，娶媳妇的钱，家里的开支已经节省到不能再节省了，可是孩子呢，却感觉不到父母的辛苦和节俭，只要他用钱，伸手就向父母要，他认为花父母的钱是天经地义的，并且花起来钱还大手大脚，就是不好好念书。只要他们有一点不顺心，就会对父母发牢骚，发脾气，不是父母这不对，就是那不对，这样的孩子能够出息吗，能考上好大学吗？父母平时让孩子干点什么，孩子也不理解，一句话"我不会干"，就把家长给打发了，岂不知你一辈子不亲自去干，你永远也不会干。一点自立自强的精神都没有，受不得一点挫折，吃不得一点苦头，咽不得一点委屈，这样的孩子怎么能成才，怎么能面对未来不可预测的生活。

　　要学一学外国人，孩子上初中了，就让孩子自己出去打工，来养活自己，上高中、大学全是半工半读，在经济上完全独立。在我国有的孩子不要说中学、大学，有的结婚后，还在"吃老""啃老"，不找事情做。他们以为这是在享受幸福，岂不知年轻时学不会做事，不亲自做事，到年老了，就没本事。你父母不在了，你还靠谁，到那时你吃苦头，你后悔都来不及了。

　　孩子想积极主动干点什么，家长就是不放手、不放心，家长不给孩子独立生活的机会，剥夺了孩子独立生活的能力，一方面造成了孩子懒惰心理，一方面让孩子什么也没学到，这种做法是错误的，孩子大事小情，全让父母包下来了，而且父母还有十足的理由，"你只管去学习，什么也不用你管，你只要学习好就行，我们就满足了"。给孩子干活的机会，让孩子多干活，多长本领，那是正确的教育孩子的办法。有的孩子挺懂事，吃完饭孩子想帮家长收拾一下碗筷，可是父母马上说:"不用你,去学你的习。"孩子本想洗一洗自己换下来的衣服,表现一下,可是父母却说:"功课要紧,学习去吧。"就这样,家长什么也不让孩子亲手做,孩子什么也不会做。这样家长培养出来的孩子是智力上的强人,心理上的弱者,生活上的差人。从郑板桥教子的故事看,父母一定要培养孩子的自主、自强、自立精神,让孩子早独立、早受益,越早放手越好,不要孩子要求干什么,父母都不放心,其实父母小时候不也是通过自己动手干活锻炼出来的吗,任何的说教都不如让孩子亲自去尝试一下,去做一下。

孩子只有独立生活,才能撑起自己的一片天。父母才能真正放得开手。让孩子独自去承担生活的磨难,接受任何情况下的挑战,担当起任何情况下的失败,让孩子早点成熟起来,这是培养孩子独立生活的捷径。只有让孩子勇敢面对现实生活,敢于面对各种挫折,这样他才能心理成熟,才能建立良好的人际关系。不要怕孩子做错事,要教会孩子怎么去做事,他不亲口去尝尝梨子的滋味,他可能永远不知道梨子的真正味道,教孩子靠自己努力、靠自己奋斗、靠自己拼搏,去体验真正的人生,这是王道。

我不会忘记王豆腐匠帮衬过我,他挑起来的不仅仅是一张薄薄的豆腐皮,而是我生命的一盏灯,是一盏自立自强的灯。

独闯天下,不凡人生。

珍惜时间

老邻居胖婶喜欢做炸酱面,她做的炸酱面,非常好吃。我最喜欢吃她做的咸黄瓜肉卤的炸酱面了。她做面条一般选在星期天的晚上,一边揉面,一边喊她家的树娃,树娃是我的同学,她吩咐树娃去给家里的鸡、鸭、鹅喂食,眼睛瞧着摇篮里面的树娃妹妹,时不时地推一下摇篮,不让它停下来。趁往炉膛里添柴火的空当,紧跑几步帮夹杖子的丈夫,去扶一下杖棱子。胖婶把时间利用得毫无空隙,塞得满满的。不仅仅是我,满屯子的人,也看不到胖婶闲下来的时候。胖婶整天在忙活计,田里的,家里的,屋子里的,屋子外的,院子里的,园子里的。刚刚手闲下来,就去别人家帮忙,胖婶心肠又好,谁家里有个大事小情,都愿意请她帮忙。胖婶家的日子,过得有滋有味,顺风顺水,人们都说,这应归胖婶的勤快。

后来,我成家了,搬到城里。有一天,我跟妻子说:"你也做顿手擀面呗,咸黄瓜肉卤。"可做出来就是没有胖婶的味道。一晃,孩子上初中了,原来天真可爱的儿童变成了少年,个子高了,力气大了,一有时间他就去打篮球、打台球、踢足球,时间在他玩耍中悄悄地溜走了。孩子很贪玩,我们很着急,于是,我常常跟孩子讲,你可别太贪玩了,千万要把读书、学习放到玩的前面,可是孩子就当耳旁风,他们总认为来日方长,没有时间观念,家长很有必要提醒孩子,时间飞逝,年华不在,应该珍惜,冬去春来,花开花落,时间就会在不知不觉中流失掉的，不珍惜它，失去了，永远不会回来。正如朱自清在《匆匆》一文中写了时间如水，流逝之快，"洗手的时候，日子从水盆里过去；吃饭的时候，日子从饭碗里过去；默默时，便从凝然的双眼前过去，我察觉它去得匆匆了，伸手遮挽时，它又从遮挽的手边过去"。时间就是这样，匆匆而逝，让人察觉不到，让人琢磨不透，稍纵即逝。孩子，你必须学会珍惜时间，抓紧时间学习功课，这样才能将学习赶上来，考上理想的大学。学习和运动要兼顾起来，不要顾此失彼。

　　时间是宝贵的，一定要珍惜它。有的孩子不珍惜时间，没有认识到时间的宝贵，不愿意下苦功夫学习。一有空不是玩手机，就是看连续剧，父母不敢说，你只要说他，就跟你生气，电视不看了，手机不玩了，学习也不学了，开始睡大觉，这时候的孩子真难管啊。白日莫空过，青春不再来，必须教育孩子日历扯下的一页，永不会再来。唐代杜荀鹤在诗中写道，"少年辛苦终身事，莫向光阴惰寸功"。年轻的时候，辛苦些是应该的，因为这关系到自己一辈子的前途，切莫偷懒，虚掷光阴。欧阳修说："有志诚可嘉，及时宜自强"，告诉人们，不但要胸有壮志，而且还要抓紧时间，奋发图强，一个人要想生活过得充实，就必须重视时间和自我约束，恰当地利用时间，能够使自己的工作和休息各得其所。对于时间来说，你不珍惜它，就会有"黑发不知勤学早，白发方悔读书迟"，失去的宝贵时间，是没有后悔药的，不能把它买回来的。孔子说，子在川上曰，逝者如斯夫，不舍昼夜，时间就如向东流去的水一样，永远也不会回来。青少年必须抓紧时间，来充实自己，提高自己，丰富自己，浪费时间，就是在浪费自己的潜力，消磨自己的意志。

　　陶渊明告诫我们，盛年不重来，一日难再晨，及时当勉励，岁月不待人。岳飞说，莫等闲，白了少年头，空悲切。时光对热血方刚的青年人来说太重要了，哈三中的大部分学生在高一就把高一到高三的全部课程自学完成，为自己争取了宝贵的复习时间，也为高三冲刺，迎接高考，赢得了时间，同时为自己考上理想大学，创造了条件。田家谷在诗中写道，少壮风华应自惜，黄金岁月不多时。学须勤奋休荒废，百艺无成枉自悲。可见，谁走在时间的前面，谁就主宰了自己的命运。

不要随便浪费时间。看快手、刷抖音和上网打游戏或看网络小说等是现代青少年浪费时间的最大敌人。青年人一看电视连续剧就没完没了，一玩手机就天昏地暗，游戏一玩就上瘾，如果没有点自制力的话，很难抵制它们，许多宝贵的时间都被这些东西给消耗了。无论什么事情做过了头都是有害的，"业精于勤，而荒于嬉"，一个人的精力毕竟是有限的，用在一方面多了，势必导致用在另一方面的减少，你整天把精力都放到玩手机之中，还哪有精力去学习，哪有时间干正事。你想成就一番事业，没有别的办法，只有把你的全部精力，争取更多的时间，用在你所从事的事业上，珍惜寸阴，发愤读书，才能立志成才。

时间对每个人都是公平的。人的生命是由时间组成的，短短的人生，也只不过百年，如不珍惜，实在让人可惜。高尔基说，时间是最公平合理的，它从不多给谁一分钟，勤劳者能叫时间留下串串果实，懒惰者只能让它留给他们一头白发，两手空空。庄恩岳在《要珍惜时间》一文中写道，时间对每一个人都绝对公平，浪费时光实质上是糟蹋人生，时间就是金钱，时间就是生命，时间就是效率。虚度年华，是一种慢性自杀，善待时光，也是善待自己，巧用时间，也是一种人生哲学。珍惜时间，就是珍惜生命，谨记：光阴似箭，人生苦短！时间，每个人都有不同的看法和观点，但无不把如何珍惜时间，利用时间放在了首位，不用说时间的重要性，它在每个人现实生活中都能够实实在在地感受到，只要你多一分努力，你就会多赢得一份时间，你耽误了一段时间，你不仅浪费掉了时间，而且还失去了一次机会。在现代人身上，时间观念是何等的强啊，时间体现在匆忙的上班人的脚步上；体现在废寝忘食者的工作学习上；

体现在学生挤占闲暇的零碎时间上；体现在天天缩短吃饭时间来叫外卖……每个人都在现实生活的激烈竞争中同时间赛跑，争做驾驭时间的能手，他们把时间化作了一次成功的科学试验，一次商业谈判，一次学者访问，一次课题攻关……这就是匆匆的时间。

一定要利用好时间。只有"挤"，才能为自己争取到更多的时间。富兰克林说，你热爱生命吗？那么别浪费时间，因为时间是组成生命的材料。无论是工作，还是学习，都要增强时间的紧迫感，只有抓得住今天，才能早日取得成功。雷锋同志的"钉子精神"就是去挤、去钻时间。鲁迅先生说得好，时间就犹如海绵里的水，只要你愿意挤，它总是有的。这如同华罗庚的统筹法，只有把平常的一分一秒安排好、利用好，才能更好地发挥时间的作用。

坚持勤奋，就会赢得时间。只有赢得时间，才有希望攀上理想之巅。鲁迅先生视时间为生命，献身文学事业几十年如一日，始终勤耕不辍，硕果累累。李大钊说，世界上最宝贵的就是"今"，最容易失去的也是"今"，珍惜今天，明天才能更好。爱迪生一生有两千多项发明，这几十万次的浩繁试验，时间从哪里来的，就是从常常连续三四十个小时的超级工作中挤出来的。"宝剑锋自磨砺出，梅花香自苦寒来"，不爱惜花瓣，看不到花木的美丽；不珍惜时间，就得不到生命的价值。许多年轻朋友，志如云天的鸿鹄，力如腾飞的骏马，想成就一番惊人的事业，那么你必须学会珍惜时间，勤奋工作，奋力拼搏。

从现在做起，抓住了今天，就抓住了明天。时间永流逝，只有珍惜时间，把握当下，掌握今天，才能建功立业，取得成绩。"光阴似箭催人老，日月如梭赶少年"，太阳和月亮似箭一样穿梭，来去不止，催促着年轻人，切莫虚掷时光，碌碌无为，不然年老之后，再悲伤也无济于事了。年轻人，应该走在时间的前面，下苦功，抓今天，见缝插针，珍惜寸光，发奋学习，为祖国贡献自己的聪明才智。

曾国藩一生都是坚持早起的人，所以他取得了辉煌的业绩。古代有首《早起》诗中写道:"朝日初上窗,起身勿彷徨;晚来睡已足,盥洗整衣裳;人既不患病,何必恋在床;勤奋自此分,习惯遂为常。"早晨起来精神抖擞,干劲十足,何必恋在床上,多没意思啊!

胖婶不知道现代人的时间与效率,她只想改善家里的生活,过上好日子,必须让自己忙碌起来,多干活多挣钱,于是,她放下这个活计,就捡起那个活计,胖婶充分利用了时间,抓住了时间,家里的小日子就过得比别人殷实而富足。所以,这个世界上,谁抓住了时间,谁就赢得了时间,谁就赢得了胜利。

抓住时间,赢得成功。

失败并不可怕

孩子上初中了,学科多了,难度大了,有些功课学着学着他就感觉吃力了,刚开始考试在班里还排前几名,到期末一下子就掉到后面。面对失败,孩子有些气馁,我很着急,就给他讲了科学家爱迪生的故事。爱迪生试验了1600多次才成功找到钨丝适合做灯丝。试想一下1600次的试验失败,谁能承受得住,没有超乎常人的毅力意志,绝难达到。去问一问每个成功者,他们第一句话就会告诉你,他们也遇到过数不清的失败,走出过数不清失败的泥沼,才取得胜利。你升到初中后,学习环境变了,不适应是很正常的事情,加之学习内容也增加了不少,不但有语文、数学,还有化学、英语、物理等,中学跟小学文化课又不是一个档次,学习难度大了,你学习成绩下降,不代表你学习不行,接触新事物有快有慢,你可能是属于接触新事物较慢的那类人,往往这样的孩子学习才扎实,所以不要怕落后,不要怕自己一时考试成绩下降,而要坚定自己的信心,一鼓作气,再迎头赶上去。

著名作家刘墉在《谈胜败》一文中写道,记得昨天晚餐,婆婆说养孩子忙得要死,好辛苦时,我怎么说的吗,我说养孩子固然辛苦,但是正因为有苦,才有乐。这次考糟了,下次考好了,苦变成乐。孩子前天病了,今天退烧了,担忧成了欣喜。人生如果只是一根平平的线,多没意思。一定要起起伏伏,有付出,有获得,才丰富。那么，我现在也要对你说，人生就是要有成功，有失败，才有意思。你今天失败了，痛定思痛，检讨改进，明天反败为胜，多棒！而且如果你能由今天的小考中得到教训，使你明天的大考不再犯错。这小考不就像注射疫苗，小疼一下，却能避免得大病吗？孩子，这次没考好，总结经验教训，下次再来，不成功绝不罢手。

　　失败，可以使你重新面对自己，可以使你重新调整目标，也可以使你找到正确的方法。声音没有起伏，旋律就没人爱听；大海没有波涛，就会失去壮美；人生平坦如镜，就没有什么值得回味的。不要怕失败，不要怕挫折，只有行到水穷处，方看云起时。只有那些不畏艰险，勇敢攀登的人，才能到达光辉的顶点。这次考试没考好，那么我们就从头再来，不能说你一生就无所事事。应该记住失败，记住教训，但是失败也是一种机遇、一种挑战，更是一笔财富。那些大成就者，都是从失败中振作起来，从失败的泥潭中走出来，从失败的阴影里摆脱出来。不屈于失败，胜利就向你招手。

　　因失败而美丽，因失败而感动的不仅仅是平平淡淡的生活，而是波澜起伏的人生故事。诺贝尔因发明炸药和设立诺贝尔奖，而闻名世界。诺贝尔奖是全世界科学家梦寐以求的科学皇冠，可是当诺贝尔进行炸药试验时，把他的助手和亲弟弟都炸死了，将自己炸伤，这样大的打击，常人早就胆怯放手了，可是面对这样大的失败，诺贝尔没有胆怯，而是一往无前地将这些试验进行下去，最终发明了炸药，为人类做出了杰出贡献。可以说失败砥砺人的信心，失败磨炼人的毅力，失败检验人的斗志，失败孕育人的成功，勇敢者永远没有失败。人生与困难伴生，经历与失败同步。走出失败的泥潭，别人靠不住，只有靠你自己的努力。什么样的挫折，什么样的失败，什么样的打击，什么样的风雨，我们都要对自己说："没关系，我会坚持下去，我一定会战胜它的。"

　　巨石挡不住飞淌的小溪，荆棘挡不住攀登者的足迹。看飞泻的浪花，那是由山峰口跳下去的美丽，看人生的辉煌，那是不屈不挠的赞歌，任何挫折，任何失败，永远挡不住前进者的脚步，勇敢些，再勇敢些，去开拓人生的心路之歌。

人生之旅，没有失败。

草木心语

别抱怨

我下定决心读书，一定要上学，跟干农活有直接的关系。我高中毕业，生产队还没分队，正赶上秋收，俗语说，三春不如一秋忙。白天割一天的大豆，累得我腰酸腿疼，谁知道，晚上收工队长喊一嗓子："今晚打倒垄，割玉米。"啥意思，就是吃完晚饭继续割地。

说实在的，高中毕业回乡时正赶上秋收，秋收活不但忙，还很重，对于瘦小的我不是一般吃不消，而是根本就受不了。刚开始那几天，队里打头的赵哥带我，割豆子每人负责2条垄，这样便于放豆铺子。一到地里，赵哥就说："学生，你挨我。"会干活的，一猫腰，一口气儿就割出去100来米，我在那干使笨劲，就是不走道，一袋烟功夫就被割快的社员给落没影了。赵哥一看我落在后面，他就伸过手，帮割我的豆垄，直到我赶上大伙割地进度了，他才不帮我割地。等我赶上来，喘口气，可不到一袋烟功夫，我又被拉下了。赵哥也不烦，又伸手过来帮我割，到地头一瞧，赵哥的豆铺子，那厚度快赶上我的一倍了。队里打头的，都是队里数一数二干庄稼活的好把式，啥活计他干起来都得心应手，所以打头就是每天社员干活的样板，他每天比其他人多挣2个工分，2个工分折合现在就是两三角钱，那时1天10个工分，每天队里出不出活，全靠打头的，啥时歇气儿，啥时收工，都是打头的人说了算。

晚上加班割玉米，割玉米是个力气活，那年雨水勤，基本都是活秆，镰刀下去，有的玉米秆子没被割断，还得来第二刀。还是每人2根垄，赵哥又说："学生你在我右边吧，我在中间放铺子。"这一晚上，好在有赵哥帮衬，总算挨到收工了。天上星星都出满了，还不收工，给我累得腿也疼，腰也酸，手皲裂的口子一碰到就疼。我心里抱怨，这生在城里和农村的人就跟天上和地下的差距，所以，我发誓要抽出来时间，好好读书，一定考出农村去，去吃城里的供应粮。那时人们太羡慕城里人了，城里人吃供应粮，有豆油、有白面、有大米，过节还有猪肉。可是，农村啥也没有，就有永远干不完、又累又苦、起早贪黑的庄稼活。

  今天孩子来跟我抱怨老师留的作业太多了，每天做到很晚才能完成，又抱怨老师总在组织考试，抱怨路滑摔了跟头。我听到孩子的抱怨，很担心孩子走进抱怨的泥潭里，而不能自拔。我把下庄稼地割庄稼的抱怨转化为自己学习的动力，可是，今天我却担心孩子的抱怨抵消他的学习兴趣，导致他厌学弃学，造成学习成绩下降。时下不单单是孩子，大人也常常抱怨这个，抱怨那个的，有的人总是把自己不好的事情叠加起来，然后开始抱怨。抱怨自己是天下最不幸的人，抱怨所有倒霉的事情，都让自己遇到了。抱怨不能解决任何问题，相反抱怨却造成心理暗示，出现消极抵触情绪，影响工作、学习和生活。

  孩子连续两次考试成绩不理想，他就认为自己脑袋有问题，有了几次作业题没做好就打怵了，出现这些情况，都是正常的，人生不如意的事情十之八九，在工作、生活中遇到些挫折是正常的，可是有些人却沉不住气，开始抱怨起来。抱怨机会竟让别人占去了，盲目给自己下定义，自轻自视，丧失了信心，丧失了斗志，总拿自己的劣处同别人的优势比，总拿自己差的地方跟别人好的地方比，越比越不平衡，越比心里越难受。对人家穿的衣服，用的东西，乃至一举一动，都好生羡慕、好生嫉妒，爱面子、爱虚荣，认为"自尊心"比什么都重要，有的孩子本来家里十分困难，却同生活条件好的孩子攀比，人家穿名牌，他也穿名牌，人家上饭店，他也上饭店，他还经常借学校订资料之名，向父母索要他们十分不容易挣来的钱。只有虚心学习，才能静心养志，无意义的抱怨，就会导致意志力的削弱，使得学习生活缺乏向上的动力。

　　谷维广在《均等的月光》的文章中，讲了一个印度的古老故事，故事大概意思是，把自己认为最痛苦的人，最痛苦的事写下来，然后每个人互相交换自己手中的纸条，交换结果，相比之下，才知道别人的不幸，别人的痛苦，要比自己多得多。谷维广写道，在这个世界上，没有一个人活得容易，更没有一个人整日为鲜花和掌声所包围，知道了这些，就不要再抱怨命运的乖蹇和不济了，安于自己所处的境地，努力着，抗争着，让时间去慢慢地将心中的苦痛化解。一位小青年在大街上，只因父母没给他买一双鞋，而生闷气，可当他看到了坐在轮椅上的人少了两条腿，而这个人满脸充满了阳光，充满了激情，同他打着善意的招呼，他才深深体会到自己是何等的富有，自己有健康灵活的双腿和双脚，说上哪就上哪，自己可以自由行走，看人家虽然缺了双腿，尚能对生活充满了快乐和自信，于是这个青年又找回了拼搏向上的劲头，一心一意地投入到学习中去。他悟出了幸福快乐的真谛，把快乐放大，把忧愁缩小；把信心放大，把自卑缩小。想要让自己快乐，别人帮不上忙，只有自己努力，才能真正快乐。

　　抱怨一点也解决不了问题，抱怨只有削弱自己斗志，抱怨只能使自己灰心丧气，请把自己的优点放大，把自己的不幸缩小，昂起头面对升起的太阳，你没有什么不快乐，没有什么可以去抱怨的理由。那些生活在贫困地区的孩子，你同他们的学习生活比起来，不知要强多少倍，你应该鼓足勇气永远向前。是的，谁也不否认天天做作业，天天读书，天天学习，单调乏味，可是世界上哪个成功者不是从这些单调、乏味中走过来的呀。你的痛苦，你的乏味，那是因为你没有把精力真正集中在学习上，学进去了，就有了兴趣，就不乏味了。只有趣味读书，才能喜欢读书；只有认真做功课，才能做好功课。在你解出一道道难题时，在你完成一次次作业时，你的成就感、征服感，便会油然而生，还哪有心思去思考痛苦，去抱怨生活。你看看身边的同学，一个比一个学得来劲，所以他们学习就好，你垂头丧气，怨这怨那，没了学习兴趣，自然就学不进去了，学习成绩当然不会好。试试看，你完全沉下心来，坚持学它一个月，一定会喜欢学习这件事的，把痛苦作为快乐，那么痛苦也就变成了快乐；把快乐看成是痛苦，那么真正的痛苦就来临了。学习本来是件苦差事，但是那么多书、那么多道理、那么多对你未来有用的知识，只要你用功钻研，就会体会到书中的真谛妙趣，获得读书的快乐，就会让你在人生的舞台上更精彩、更丰满。

　　面对人生，面对环境，不抱怨、不逃避，自我解压、自我调整，这是善学之道，这是为学之法。如果你学习紧张了，就到室外做些体育运动；你写字累了，就去默读一下单词；你学理化累了，就去学一点英语；你对课程不感兴趣，就学一点感兴趣的课程；把自己认为记忆最好的时间，用在自己最不感兴趣的功课上，这样你就在精力最充沛的时候，去解决最困难的问题。你的学习热情，别人帮不了你，只有你自己，才是学习的动力和源泉。热爱读书，自己就不觉得枯燥乏味；学会调整学习内容和方式，就会让学习变得不再是一件苦差事，而是一项有意义、有兴趣的活动。这样你就会走出抱怨的沼泽，去拥抱美丽的大自然。没有压力产生不了压强，不逼自己对书本产生兴趣，你就学不进去，学不进去，你自然就没兴趣，所以，在学习这件事上，不逼自己不行，不压迫自己不行，放纵自己更不行。月光是均等的，苦难也是均等的，好的成绩也是均等的，只要努力，只要发奋图强，你就能争取到最亮丽的、最明朗的月光。

　　我因为秋收时干农活的"过度"劳累，产生出一股寻找出路的勇气，下决心读书，终于进入公务员队伍，从农村走了出来。不抱怨，才是积极的人生之路。

　　不抱怨，因为路很长；去努力，因为想辉煌。

致青春

　　我的青春是在苦难和阅读中度过的。说苦难,那些日子是愁吃愁穿的,一家人都在为填饱肚子而努力奔波。我今天能够积极面对各种苦难,跟那时经历的艰苦生活,有着密不可分的关系。说阅读,那时我对读书是最痴迷和热爱的,否则就考不上乡镇,也就没有这份养家糊口的正式工作。我自小就热爱读书,爱书中那淡淡的墨香,爱书中那锦绣华章,爱书中那深深的感悟,甚至爱书中那幽幽的伤感。读书,让我赶走了高考落榜时的那段阴霾时光;读书,使我战胜了生活和工作上的困难;读书,让我一次又一次地战胜自我,取得了工作和学习上的进步。

　　我的青春跟你们一样,不但有身体和心理的变化,也有困惑,更有逃避农村苦难生活的梦想。于是,我为这个梦想做出了很多的努力和付出,别人打牌、玩耍的时候,我却在安静地读书;别人在酒店喝酒消遣时候,我却在灯下苦学;别人睡大觉的时候,我却在背诵一篇篇难懂的古文,甚至,在队里干活的间隙,我也用来读书和学习,总之,那时的我跟时间拼上了,一门心思在争取时间来读书学习,哪怕看到一张巴掌大的报纸,几页刊物也不放过,就是读啊学啊写啊。等到我上班了,我还继续地读书和写作,为完成领导交代写材料的任务,我经常通宵达旦,为赶写材料以至于节假日都不休息,休息几天对那时的我简直就是一种奢望。今天我所取得的成绩，实实在在说来，应该归功于我在青春时期不懈努力和艰苦奋斗，那就是永远不放弃阅读和学习，在学习中汲取知识力量，来弥补因没有进入到国家正规大学的遗憾，通过读书来砥砺人生，丰富自己，真正体会到"腹有诗书气自华"的书卷气。

回忆我的青春，那是在张海迪的事迹鼓励下，一步一步走过来的，张海迪是我们那代人的学习榜样，她是我们每个人心目中的"保尔"，她身残志坚，自学成才，用她自强不息的精神感动着我们，鼓舞着我们，激励着我们。至今，我还记得张海迪说的一句话，残疾并不可怕，可怕的是一个人失掉了进取的信心和力量。我高中毕业后，以张海迪为榜样，一边参加农业生产劳动，一边自习文化课。那时日子很苦，但是我只要捧起一本本厚厚的书，就会沉浸在那淡淡的书香里，让读书沁润自己的心田，让青春在奋斗中前进，绝不让自己沉沦下去，像张海迪那样通过自学来改变自己的命运和现状。不经一番风霜苦，哪得梅花扑鼻香。我终于在1985年3月份，通过全国自学考试，以优异的成绩考上黑龙江省电大汉语言文学专业，后来我成为一名国家干部。读书，改变了我的命运。读书，带给了我无穷的力量，捧读一本书，心中就打开一扇温暖的窗户，就会产生无穷的动力。无论是工作，还是生活，就多了一份信心、一份力量、一份鼓舞。读书，让人眼界开阔，心胸豁达，头脑清醒。读书的目的，在于践行，学而行之，身体力行，这样益莫大焉。

孩子，我的青春是在艰苦的读书学习中度过，我坦然地说，我的青春跟你们一样也有过青春的躁动和无奈，也有过青春的狂妄和浪漫，更有过青春的叛逆和偏激。但今天，我以过来人的身份跟你们说几句知心话。青春期到了，说话开始粗声粗气，喉结长出来了，以前的乖儿子不再乖了，你说东，他偏往西，你说写会儿作业，他会找各种理由不写作业。孩子们到了青春期，就如天边的云，一会儿一个姿态，让人捉摸不定。可是，这个时期正是孩子们在学习上打基础，兴趣上培养爱好，习惯上养成的时候，正是身体成长的关键时期，心理发育成熟的关键阶段，这个时期如果把握不好，孩子就很可能出问题，甚至可能毁了孩子的一生。

孩子，假如你到了青春期，不要逃避青春期的躁动，要积极配合父母安全度过这段时间，把握好人生航向，向着自己光辉灿烂的未来前行。同时，父母也要理解孩子，理解孩子青春期的叛逆性、躁动性和复杂性，主动帮助孩子适应青春期，帮助孩子安全度过青春期。青春期正如一个人到了一个新的地方，总遇到一些问题，需要尽快适应和解决这些问题，因为你刚去，你不可能把那里的环境给改变了，只有你改变自己来适应这个环境，这样自己才不会在新的环境里受到太大影响，才能得到进步和提高，所以，要认真对待青春期，很好地度过这个美好的青春期。

要学会调整心理变化。调整自己，接受心理变化，是适应青春期的关键。面临青春期的孩子，想法多，学习不专心，没兴趣。面对这些新问题，要尽快改变自己，适应环境。首先要调整好自己的心理，处理不好与老师、同学之间的关系，就会影响学习，看事情不能主观客观结合，好坏不能双方面分析，这样就会产生偏激的想法，做事容易不加考虑，一不小心就把好事办砸，做错事。

要适应青春期的变化。在青春期，你要做到多吃、多学、多锻炼，心里不要想事太多，养成良好的心理卫生习惯，作息要有规律，尽快适应青春期带给你的变化。中学的环境同小学是不一样的，初中不仅学生多于小学，处在青春发育时期的孩子，相对比较复杂些，而且老师也多，为此，你要尽快适应新环境、新变化，这个适应不是别人帮你去适应，而是你自己要主动去适应，正如家里新栽的"仙鹤来"，谁适应新环境快，谁就长得好，长得壮，花开得多。学习也是一样，谁到新环境适应快，谁学习就会先上去。到了一个新的环境，首要的是调整好自己，对自己生活、学习、交往都要主动去适应，你不可能改变你所处的环境，但是你可以改变自己，让自己去适应新环境，"适者生存"就是这个道理，好比秋插柳，柳插到哪里，就在哪里生根、发芽、长大，要向柳树学习，无论是初高中还是将来上大学，都应该积极调整自己的心态，让自己很快融入一个新的环境，和周围的老师、同学打成一片，这样你才能争取到一个适宜自己发展的环境。记住一句话，你是环境的主人，而不是环境的奴隶。

要加强体育锻炼。因为你正处在长身体的关键时期，不加强体育锻炼，就会影响身体的健康成长和发育。选择体育项目要根据自己的兴趣和爱好，所以，我支持你利用星期天打一打篮球、排球、乒乓球等体育运动，并且，每天最好要坚持跑跑步，但是你一定要记住，体育锻炼，必须坚持始终，不能想起来就跑，想不起来就不跑，而是每天都要按照自己制订的锻炼计划进行，不能三天打鱼两天晒网，必须达到锻炼的时间，训练强度和锻炼的要求，良好的身体是工作、学习的基础。

我太小，不谈恋爱。青春期，这时会出现对异性同学有好感的现象，同女同学交往这很正常，我们不反对，但是一定要把握尺寸，绝不能谈恋爱。这个时期正处在青春期，对什么东西认识只是肤浅的、表面的。有关婚姻这是一辈子的事情，所以初高中不谈对象，坚决不早恋，以免影响学习，这是一个原则。初高中一切的一切就是考上理想大学，这个时候别的什么也不要去想，考虑多了，精力就分散了。其实你想得太多一点用也没有，站得高，才能看得远，你考上了好大学，才能站得高，看得远。父母也绝不允许孩子初高中谈对象，不要分心，要集中精力，一心一意地搞好学习。为什么要上大学，中国两院院士没有一个不是大学生，甚至有的还是从外国留学归来的，那些受人瞩目的科学家、政治家、企业家，大部分都是受过大学教育的。因为20多岁正是人们学习的最好阶段，为将来步入社会，打下坚实的知识基础，所以你必须进入大学进行深造。

要打好学习基础。为什么这个阶段学习非常重要呢，初高中课程，是每个人真正接触到综合知识的起点，所学的知识都是人们从事未来工作的基础。初中的物理、化学、代数、几何、历史、地理都是新开的课，英语也比小学深多了，一开始接触新学科，能学进去很关键，初中阶段的课程大部分是基础学科，能否培养出对各学科的兴趣，更是关键，你必须想方设法地学进去，对所学的功课都要产生兴趣，爱因斯坦说："兴趣是最好的老师"，只有对功课有兴趣，你才会真心喜欢，你心里喜欢，你就愿意做，哪还有做不好的道理。

争取做到全面发展。要德、智、体、美、劳全面发展，要有多种爱好，要从多方面丰富提高自己，要利用各种机会参加校外活动，以此来锻炼自己，丰富自己，要积极主动参加学校组织的各种活动，培养自己多种兴趣和爱好，做一个全面发展的好青年。

我的青春和你们的青春没法比，时代在发展，社会在进步，没有可比性，可是热爱读书和学习，这是永恒不变的主题。孩子，喜欢读书吧，它会改变你的命运和人生。读书，可以砥砺你的精神世界；读书，可以磨砺你的意志和毅力；读书，可以改变你的人生旅途，让你有更美更好的锦绣前程。

青春美好今又在，努力奋斗迎朝晖。

偶像的精神

张海迪是我的偶像，也是我们这个年龄段的人自强不息的精神领袖。张海迪现在担任中国残联主席。她传奇的一生，不仅仅影响了一代人，而且成为我们每个人自强不息，昂扬奋进的典范。张海迪1955年9月出生，她小时候因患脊髓血管瘤导致高位截瘫。原来天真活泼的张海迪，只能整天卧在床上，从那时起，张海迪开始了她自强自立的人生。她无法上学，便在家自学中学课程，后来，张海迪跟随父母去聊城农村，她给孩子当起教书先生，还自学针灸医术，为乡亲们无偿治疗，她在残酷的命运面前没有沮丧和沉沦，以顽强的毅力和恒心与疾病做斗争，经受了严峻的考验，对人生充满了信心。

疾病是无情的磨难，毅力是不倒的信心。每当病痛折磨她时，张海迪没有流泪，疼得实在厉害时，为了分散注意力，她就猛揪自己的头发，打算用一种疼痛，来代替另外一种疼痛，渐渐地她揪下来的头发，都能编成一条辫子了。张海迪在家里依靠字典，学了一个又一个生字，趴在床上用胳膊支撑着身体抄书。她在父母的鼓励下开始自学，家里没有人催促她学习，没有人来督促她学习，没有考试，全靠她自学，一本又一本地，她学完了小学课程。后来她跟人介绍说，一道算术题她做了12遍，得出的竟然是12个答案，她本来就不喜欢算术，可是不行，她还是坚持着，硬着头皮继续做习题，终于在第 13 次她算对了。坚持学习和顽强的毅力是鼓励她取得成功的关键，于是，她就凭着这股坚持不懈的劲头学呀学呀，她找到了学习乐趣找到了成功的信心。

后来，张海迪跟随父母来到莘县十八里铺尚楼村，开始了农村生活。起初，张海迪感觉农村非常陌生，没有电灯和自来水，生活也十分艰苦。但是，在那些淳朴的村民身上张海迪很快感到了更真、更朴素的爱。她发现学校没有音乐教师就主动到学校教唱歌，课余还帮助学生组建自学小组，给学生理发、钉扣子、补衣服。当看到当地群众缺医少药，张海迪便萌生了学习医术解除群众病痛的念头，她用自己的零用钱买来了医学书籍、体温表、听诊器、人体模型和药物，努力研读了《针灸学》《内科学》等书。为了熟悉针灸穴位她在自己身上画上了红红蓝蓝的点儿，在自己的身上找穴位练习针感。有人问张海迪："海迪，是不是你的腿没有知觉，你的胸以下没有知觉，你在自己身上扎针不痛苦啊。"她说："恰恰相反，我最开始针灸的时候，是扎自己最疼的地方，比如脸上的穴位，印堂穴，扎了以后是什么样的感觉，我要知道怎样情况，然后才去给病人治病。"功夫不负有心人，她终于掌握了很好的医术，能够治疗一些常见病和多发病，在十几年中，为群众治病达 1 万多人次。

后来，曾有人问张海迪，"如果你能拥有第二次生命，作为一个健全的人，你最大的愿望是什么？"张海迪说："假如我能再有一次生命，我会实现我最想做的一件事，就是当一个医生，这也是我从小的一个梦想，我 15 岁时就自学医术给乡亲们治病，但没有真正穿上白大褂，当一名白衣天使。"后来，她随父母迁到县城居住，一度没有工作。她从保尔·柯察金和吴运铎的事迹中受到鼓舞，从高玉宝写书的经历中得到启示，决定走文学创作的路子，用自己的笔去塑造美好的形象，去启迪人们的心灵。她读了许多中外名著，写日记，读小说，背诗歌，抄录警句，还在读书写作之余，练素描，学写生，临摹名画，学会了识简谱和五线谱，并能用手风琴、琵琶、吉他等乐器弹奏歌曲。

张海迪说，她要是认准了目标，不管面前横隔着多少艰难险阻，都要跨越过去，到达成功的彼岸。有一次，一位同志拿来一瓶进口药，请她帮忙翻译文字说明，看着这位同志失望地走了，张海迪便决心学习英语，掌握更多的知识。从此，她的墙上、桌上、灯上、镜子上，乃至手上、胳膊上都写满了英语单词，她还给自己规定每天晚上不记10个单词就不睡觉。家里来了客人，只要会点英语的，都成了她的老师。经过七八年的努力，她不仅能够阅读英文版的报刊和文学作品，还翻译了英国长篇小说《海边诊所》。当初，为了给张海迪治病，母亲变卖了手表、衣服等物品，还欠了一身的债，但父母从无怨言，尽管家里穷，父母总是尽最大努力来满足张海迪的要求。张海迪喜欢书，不管花多少钱，跑多远的路，父母总要想方设法给她买到。

在残酷的命运挑战面前，张海迪没有沮丧和沉沦，她以顽强的毅力和恒心与疾病做斗争，经受了严峻的考验。她虽然没有机会走进校门，却发奋学习，学完了小学中学全部课程，自学了大学英语、日语、德语和世界语，还当过无线电修理工。后来她还攻读了大学本科和硕士研究生的课程。1981年，张海迪获莘县广播局先进工作者称号，同年12月《人民日报》首次报道了张海迪的事迹……再后来，张海迪创作了许多文学作品，成了著名的作家。张海迪由一个残疾人变成了有用的人，一个出类拔萃的人，被那时的人们称为新时期的"保尔"，她整整影响了我们那个年代的一代人，教育鼓舞了很多人。

想想看，一个连生活都不能自理的人，却创造了一个又一个奇迹，我们正常人做不到，张海迪却做到了。连平常人都克服不了的困难，她却战胜了；多少个想不到的困难，多少个挫折险阻；多少个不眠之夜，但是，她永不倒下，永不认输，包括病魔要夺走她的生命，她都坚信自己能够战胜，能够夺取胜利。孩子，你们正处在朝气蓬勃、蒸蒸日上的大好时期，很需要这种精神，需要这种信心，一定要好好向张海迪学习，只有自强不息，不懈奋斗，才能取得事业成功。

张海迪的精神就是百折不挠，自强不息，迎难而上，永不气馁的精神；就是永远进取，不怕压力，不怕挫折的一往无前，敢于胜利的精神；就是面对现实、面对人生，贡献社会的立志成才，报效祖国的精神。每个人都要向张海迪学习，向她那样敢于面对厄运，勇于面对困难，乐于无私奉献，敢于取得胜利，不断超越自我，实现人生的价值。

孩子，你学习上的困难同张海迪比起来太微不足道了，张海迪不管在怎样恶劣的条件下都坚持学习，由于常年卧在床上，翻身困难，结果身上长满了大面积的褥疮，褥疮感染使她常常发高烧，手术造成的疼痛也像刀割般地折磨着她，她咬着牙忍着病痛学习着、读着、看着、写着、想着，慢慢地看、慢慢地想、慢慢地做。在书中，她同保尔·柯察金交了朋友，她懂得了一个人病了并不可怕，可怕的是他失去进取的信心和力量，只要精神不倒，就能战胜一切困难，创造出美好的新生活，就能实现人生价值。想想一个残疾人都有这样的信心，追求成功，何况我们身体健康的年轻人呢，学习上吃点苦怕什么，你那点烦恼比起张海迪来差得太远了，做个有用的人，不是一句空话，真本领是"劳其筋骨，饿其体肤"磨炼出来的。

张海迪常常用来鼓励自己的一句诗是"自古英雄多磨难，从来纨绔少伟男"，残疾并不可怕，可怕的是一个人失掉了进取的信心和力量。只要我们心在跳动，就应该努力去学习和工作，顽强地与遇到的各种困难做斗争，相信自己，一定是个胜利者。

孩子，你同张海迪比起来，该有多大的差距。美丽的人生，需要自己奋斗。吃不得苦，换不来果实，耐不得学习寂寞，是绝难成功的。成功的人，要有顽强的斗志，钢铁的毅力，不成功绝不放弃的韧劲。

海迪精神永在，榜样力量无穷。

第二辑

窗花上的字

培养学习兴趣

小时候,我最喜欢玩推轱辘圈的游戏。那时孩子没啥玩的,哥哥给我用粗铁丝做个铁圆圈,然后再用剩下的铁丝,做个推铁圈的推子,一个长长的铁棍,棍头上做成凹状,用它来卡住铁圈,把铁丝一头反折过来做手柄。铁圈做成后,我就跟我一般大小的孩子一起去场院里或大街上玩,我们一起推着铁圈,跑了起来。那时候,我们一起在大街上、场院里、大道上推铁圈玩,一玩就是一小天,这个玩具大人好做,孩子爱玩,十几个孩子在大街上排成一队,一个撵一个,推着铁圈哗啦啦地跑,这排面,这气势,再加上这一大群孩子的欢笑声,整个小村子就掀起来一潮接一潮的欢笑声,让整个屯子都沸腾了起来。

到了中午吃饭的时候,只要有一个家长喊孩子回家吃饭,其他家长,便紧跟着,"三毛、狗蛋、老疙瘩……"接二连三喊地喊自家孩子的乳名,回家吃饭。这些孩子也极听话,立马停止推铁圈,背起铁圈,拿着推柄就回家了。吃完饭,孩子们饭碗一撂,便又都从家里跑了出来,你看看我的铁圈,我看看你的铁圈,这个铁圈是哥哥做的,那个铁圈是父亲做的,还有舅舅给做的,姐夫给做的,铁圈大小不一,材料也不一样,但是孩子们的快乐都一样,因为孩子感到这项游戏有趣好玩,所以孩子们玩的时候就高兴,还特别快乐。现在有条件的小孩子去俱乐部打篮球、乒乓球、羽毛球等,是孩子最大的快乐了。学习也是一样，只要孩子们感到有兴趣，他们才能喜欢；只要喜欢，他们才能愿意去做，才能尽心尽力去做。

兴趣是培养出来的。凡是那些学习好的学生，他们的共同点就是喜欢读书，读书学习早已成为他们主动去做的快乐的事情，破解学习上的困难，成为他们最大的乐趣。功课在他们那里没有哪一科不喜欢，没有哪一科成绩不好。听一听参加过高考的学生讲讲他们的感受，凡是在高考中没有考出好成绩的，就是因为自己不喜欢学习，不喜欢，就做不好，做不好，学习成绩就上不去。有的只是喜欢一两门课程，他只喜欢语文，不喜欢英语，他只喜欢理化，不喜欢语文，偏科的学生，说白了他们对待学科，那就是偏心，所以，尽管优势的学科全学校数一数二，但是因为偏科，这个学科拖了他的后腿，最终，没有取得好的考试成绩。有个比喻，木桶装水的多少，不是取决于最长的那根木条，而是取决于最短的那根木条。好的学生不但对学习有兴趣，更不偏科，他们哪门课程都喜欢，数学、语文、英语、化学、物理、生物、历史、地理、政治，而且课外活动、体育成绩也不赖，因为他们对学习时间进行了统筹安排，学习的间隙用来参加体育运动，主动参加课外活动，来提升自己的社会实践能力，他们培养自己各种各样的兴趣，让兴趣伴随整个学生生涯。

热爱是最好的老师。读书不如爱书，你只有对书产生爱，才能感兴趣，才能去深入研究，才能够正确地面对学习中遇到的困难。你爱书，就能同书一起喜怒哀乐，完成一次作业，解开一道难题，你一定很高兴。热爱才能产生感情，产生对书的兴趣，与书中的人、事、物交朋友，你才能同书融为一体，这时你就会和书中人物一起，感受他们的苦乐。把读书当作游戏，当作乐事来做，你读书才不会感到枯燥无味。你想想看，如果一道菜不放盐，是什么滋味，做题有难有易，这样才有趣味，有意义，有难解的题，难学的课，正如大海波澜，你去战胜它，才能展示勇士的力量和魅力，难题让你去动脑筋想办法，才能真正开阔你的思维，才能让你有战胜它的信心。

热爱是学习的最好方法。

有信心才能有兴趣。书读好了,才能考上好大学,上了好大学,才能找到好工作,找到好工作,才能有好的未来。没有信心,就没有学习目标,没有目标,就一天稀里糊涂地过,对读书就没有兴趣,不感兴趣,书读不好,考大学也就考不好。所以,喜欢才能愿意去做,才能够把事情做好,有信心,才能对书感兴趣,才不至于把读书当作一种负担,一个苦差事。在读书中肯定会遇到一些困难,也可能产生不愿学的想法,这些现象都是正常的,但是你必须有充分的信心,去改变这种状况,一定要让自己喜欢读书,自觉地去读书,通过读书,让自己掌握越来越多的知识,来丰富自己,使自己在人生的旅途中,生活得更好,更有意义,所以读书遇到困难,读不下去的时候,一定要鼓励自己,说我能行,我肯定行,我一定要读下去。

学进去才能有兴趣。有兴趣的前提,是对该事物感兴趣,感兴趣的前提,是把它研究上瘾,上瘾的前提,是专心地去研究他,不专心就不能上瘾。所以,专心读书,就应该认认真真读书,而不是马马虎虎地学习,老师讲课要专心听,不会就要问,要把全部身心都投入到学习中去。一门功课,为什么两个学生,同样学习,而学习成绩却不一样,就是他们专不专心学习的问题,真专心,你就会认真去做,不马虎,就会学懂弄通,学习效果就好;不专心学,那学习成绩肯定就差。凡事须认真,认真就会对学习感到有意思,有意思就会有兴趣。一定要把知识学扎实,学牢靠,这样才能取得好的学习效果。不要弄虚作假,敷衍了事,糊弄自己,知道就是知道,不知道就是不知道。一定要学懂弄通,学问学问就是要学要问,老师教,学生主动学,互动学习,这两件事是分不开的。在学习方面一定要老老实实,比如,写字要写正楷,演算要认真,英语单词要常背,这样到了考试时候,你就会轻车熟路,考出好成绩来。学习要下苦功夫,笨功夫,没有捷径可走,不能投机取巧,要脚踏实地一步一个脚印地去学。

熟能生巧有道理。不熟悉，肯定不感兴趣，不管是读书，还是做任何事情，只有得心应手，就能做好。熟悉就是多记、多练、多读、多背，这是最基本的学习方法，该背的知识点必须背会，不管哪一课，该学深学透的，必须达到要求，把它弄"熟"了，就有兴趣了。学习上有个方法叫"循序渐进"，就是一点点学，由小到大，由少到多，逐渐上升，循环往复，不断提高。还有句古话叫"温故知新"，有一些课，一些知识，虽然已经学过一段时间了，但要经常对学过的知识进行温习，只有进行温习，才能得到巩固和提高。

　　我小时候推铁圈的游戏，已经不可能让现在的小孩子再去玩了，但是它把全村的小孩子聚到一起，十几个孩子一起满村子推铁圈跑的情景，却永远留在我的记忆里。因为我们喜欢这项游戏，所以，我们对这项游戏就感兴趣。学习也是这样，动力来自对知识的渴求和热爱，但愿今天的孩子们把对玩手机的热爱，置换成对学习的热爱，那将是孩子们最大的幸事！

　　兴趣是热爱的前提，学问是事业的基石。

管孩子讲方法

小时候，到了秋天妈妈就开始做炕上放的火盆了。做火盆，要用醒好的黄泥加适量的马粪，用瓦盆做模具。妈妈把和好的黄泥放到屋子阴处去醒，醒好后，妈妈用手将这些黄泥往瓦盆外面一遍又一遍地涂抹，经过十几遍的层层涂抹，等到了一定厚度，泥火盆才算做好，然后在火盆的表面，用竹刀，雕刻图案，整套流程就完成了。然后再把制成的火盆放到我家的阴凉处晾干。过几天，等火盆六七分干了，定形的时候，妈妈就把瓦盆从火盆当中取出来，继续等火盆干透了。火盆干好了，妈妈就用粗布在火盆表面进行打磨，打磨得十分光滑了，这时，就会清楚地看到妈妈在火盆上面创作的图案，那些小鱼、荷花、水波纹等都活灵活现地印到火盆上面去了，把火盆放在炕席上面，那简直就是一件艺术品。

上冻了，家里吃两顿饭，妈妈怕我放学回家饿，中午的时候，把锅灶里面烧剩下的炭火，用铲子从灶坑里扒拉出来，放进炕上的火盆里。妈妈特意烧的是柳条，这柳条火头硬，装进火盆里的炭火大半天也不熄灭。妈妈估计我快到家了，提前把鸡蛋和土豆埋在火盆里，等我放学回来，它们就烤熟了。我回到家时感觉肚子饿得咕咕直响，于是，我把书包一扔，就到炕上去找火盆，用铁铲子把埋进火盆里已经烤熟了的土豆和鸡蛋从火盆里扒拉出来，放进小铁铲子里面晾凉，不烫手了，再把土豆和鸡蛋皮扒掉，然后去碗橱里面拿出妈妈下的农家大酱，把鸡蛋和土豆蘸上妈妈下的大酱，香喷喷的烤土豆和鸡蛋就进我的嘴里了。吃饱了，一抹嘴，我就跟邻居同学跑到场院放风筝玩去了。妈妈很爱我们，我们像小燕子一样整天围着妈妈，跟她一起做饭，一起干家里的活计。那时，我们非常快乐，在干活之中，妈妈还教会我们许多技巧。妈妈也是严厉的，当得知我跟邻居孩子干仗了，妈妈就跟我讲事实，摆道理，谈危害，批评我。这时，我会哭着答应妈妈以后再不跟人家干仗了。妈妈不识字，没念过书，她甚至连自己的名字都不会写，但是她懂得很多道理，告诉我们一生一世都不要懒惰，懒惰的人，不会过上好日子的，不会受人尊重。妈妈还教我们说话、走路、吃饭、待人、接物、干活都要有规矩，不能随随便便。

家长要善待孩子。有的家长信奉棍棒下面出孝子，体罚孩子，打骂孩子，他们乱用家长的权威，束缚了孩子行为、束缚了孩子天性，家长该管的没管好，不该管的却又走入了极端，只要孩子有一点点过错，他们就骂就打，有时为了无关紧要的事情，就大发雷霆，大动肝火，让孩子无所适从。一些父母经常在家庭中大吵大骂，两口子干仗不管不顾。孩子在这样的环境下学习生活，怎能出好成绩，孩子怎么能够得到健康成长。特别是单亲家庭，对孩子的教育更值得关注。就说现在吧，你们为人父母了，能做到啥事都正确吗？既然你们都做不到，为什么去难为一个小小的孩子。使整个家庭陷入恐怖状态，导致孩子做什么事情都谨小慎微，缩手缩脚，唯恐出错，使孩子变得懦弱，胆小怕事，郁郁寡欢。这样的环境里长大的孩子，对家庭、对社会，能是一个什么样子。家长应该掌握正确的教育方法，以宽容的胸怀，对待孩子出现的错误。要多引导少批评，不要乱发雷霆之怒，发怒不单单对孩子不好，对任何人都没有好处，不管孩子做错了什么，他终究是你的孩子，你要原谅他，家长同孩子那般大的时候，恐怕还不如孩子懂事呢，事情已经发生了，你不要遇事不冷静，不分轻重、不分缓急、不分青红皂白，就打骂孩子，认为这样就是教育孩子，其实是极为有害的。

要给孩子改错的机会。不要拿大人的思维来看待孩子，孩子终究是孩子，他们想问题做事情，总是按照孩子的思维方式去处理，所以我们对待孩子不要用成人的观点来管教。没有良好的教育方法，往往事与愿违。你打一顿，骂一顿，过不了一会儿孩子又忘了，又犯同样的错误，所以管孩子要管教到点子上，管到关键的地方。他犯了错误，你要主动帮他找原因挖根源，讲明利害关系，并帮助他想些改进的方法和措施，要给他留出一定的改正时间。错误可能是不慎造成的，也可能是坏习惯造成的，也可能是环境造成的，也可能是同不良嗜好的孩子接触造成的。不管怎样，要同孩子一起分析原因，查找问题根源，帮助孩子改正错误，纠正缺点，克服不良习惯，培养孩子积极向上的精神状态，塑造孩子乐于助人的行为，帮助孩子养成好习惯，使孩子在学习和生活中做到严于律己，宽以待人。

管孩子，家人们要一致。不能一个管孩子，一个纵孩子。无论孩子对错，要态度一致，方向一致，要有一个装黑脸，一个装白脸，一个正面教育，一个背后圆场，否则一个管孩子霹雳闪电，一个心疼护短，小恩小惠，这样管教孩子，就事与愿违了。溺爱，对孩子的百依百顺，是毁掉孩子的最有效途径，也是使孩子走向歧途的最好方法。严管，虽然孩子一时不服气，但是他会终身受益，这是孩子成才成人最好的教育方法。

管孩子不要事无巨细。管孩子要分清重点主次，做到该管则管，有尺度有分寸，有放有收，以品德教育为本，立足点放在教育孩子的基础上。

管孩子不要秋后算账。要一事一管，不要把孩子以前犯的错误都累加起来，看看你过去如何如何，孩子过去的错误就过去了，不要老账新账一起算，不要批评起来没完没了。要就事论事，这次说完就结束，以后，就不要再提这事了，要管到关键处，管得恰到好处，管到病根，管到症结。

管孩子要有正确方法。不同的孩子有不同的方法,你的孩子只有你这把管孩子的金钥匙才能打开,关键是你得学会使用这把钥匙。

妈妈的爱是埋在火盆里的土豆、鸡蛋、豆包,她让亲情暖我一生。妈妈的教诲警醒我一生。那个时代家长对孩子是散养式的教育,孩子在学习生活中,都是在自由自在的环境下成长的。现代家长培养孩子是包办式的教育,孩子在家长提供的模式下学习、生活、成长。各个时期,管教孩子不同,虽各有千秋,但因人施教,宽严有度,才是教育孩子的最好方法。

管为约束,育为珍宝。

话说代沟

上初中了，孩子最大变化是个子长高了，说话变声了，敢跟父母顶嘴了。于是，我们跟孩子有了代沟。

孩子一天一天长大，越来越有主见，而且青春期的叛逆，使父母越来越感到教育的重要。你话说多了，孩子说你唠叨，你话说重了，孩子承受不了，你不说吧，又对孩子放不下心。父母望子成龙，孩子也想出人头地，目标是一致的，可就是两股绳，咋就拧不到一起哩，一天见面，不说话还好，一说话就干仗。所以，父母无论如何也得变着法子和孩子沟通。孩子长大了，父母的期望和孩子的想法很难形成一致，沟通的目的就是消除代沟，这样父母与孩子才不至于你不理我，我不理你；你不服我，我不服你。父母有父母的看法，孩子有孩子的观点，这本来很正常，其实父母年岁大，经验丰富，值得孩子学习；孩子年轻气盛，有激情，有干劲，富于创新，父母应该鼓励。有个故事讲父亲与儿子的事情，说儿子年轻的时候看父亲，认为父亲是天底下最无能的父亲，因为他总拿自己的父亲同别人的父亲来比较，到了30岁，自己有了儿子，才知道做父亲真不容易，到了50岁的时候，他才体会到自己的父亲是天底下最好的父亲，最伟大的父亲。因为做父亲本不是一件轻松的事，是个费力不讨好的事。正如我现在认认真真给孩子写文章，让孩子受到启发和鞭策，可是究竟孩子能懂得多少，能受到多大教育，只有天知道！

两代人的思想、文化、年龄差异，不交流怎么能成。

孩子大了，有了自己的想法，听不进父母的话很正常，因为孩子认为父母是老古董，而在父母看来，孩子还小，很多事情还没有真正弄明白，把握不好，还需要父母为孩子们掌好舵，通过交流和沟通，从而求大同存小异，达到一致，形成共识。父亲想说什么，儿子想说什么，摆在桌面，大家心平气和，说真话，说实话，谈真实看法，谈自己见解，有意见尽管提，不要有话憋着不讲，要允许人家说反对的话，允许人家给自己提意见。交流中父子都要放下架子，静下心来，父亲要经常给孩子讲工作、学习生活中的一些经验，老一辈就是这样一步一步走过来的，实践证明是对的，一棵小树如不适时剪枝，就必然会出现旁杈，影响主干，孩子从小到大就需要不断地呵护，帮他修正不正确的思想，不正确的行为，让他汲取有益的东西，明辨是非，这样孩子才能健康成长。孩子的困惑、烦恼同父母去交流，去沟通，才能解开自己的心结，打开自己的心路，知道什么事该做，什么事情不该做，比如毒品、赌博千万不要去尝试，因为吸毒的人，往往是从尝试开始的，他们认为少吸一点儿没关系。赌博呢，则因为没有多大输赢，玩几把，没关系，正是这些"小不点儿""没关系"才导致青少年误入歧途，掉进了罪恶的深渊，结果毁了自己的一生。父母要嘱咐孩子，不该接触的东西，一开始态度就要坚决，不可去碰这些东西，坚守自己的原则底线，做个遵纪守法，有正能量的好孩子。父母跟孩子消除代沟有很多方法，这里择录一二，以便借鉴。

平等交流，化解代沟。平等，就必须消除父母的家长作风，不管对错，反正你是我的孩子，就得全听我的。同时也必须解决孩子我行我素，谁的话都愿意听，就不听父母的；谁都服，就不服自己的父母。因为现实社会很复杂，孩子虽然有观点，但是还不成熟，还很幼稚，容易对个别事物只看现象，看不到本质，所以必须接受父母的严格教育，为自己把关定向，请父母当参谋，多同父母交流，跟父母做朋友。做朋友就是平等的，平起平坐嘛，父母既是长者又是朋友，父母与孩子都要说真话，说实话。交流嘛，孩子也要说心里话、说真话、不说假话，不骗父母，要让父母了解真实情况，帮助自己出主意、想办法，来克服自己青春期的困难。

顺其自然，化解代沟。父母与孩子的交流，那就应该竹筒倒豆，直来直去，不必遮遮掩掩，不必假假虚虚，不必羞羞答答，交流要真诚自然，要主动经常，不能累积到了一定程度才去交流，这样很容易没等交流，两人就谈崩了，有了一点想法，就开始交流，这样才能达成共识，才能取得一致。父母不要强孩子所难，不要居高临下，为所欲为，古语道，"己所不欲，勿施于人"。不要给孩子强加自己的观点，不要将自己没有实现的个人目标，自己的爱好，强加给孩子，让孩子沿着父母，硬性绘制的蓝图去努力，把孩子弄得筋疲力尽，疲于应付，失去学习兴趣，让孩子不堪重负。同时，孩子也要主动同父母沟通，每天孩子放学后、吃饭前、睡觉前，是同孩子沟通的最好时机，不要问题攒到一块，才去沟通，要时时处处交流沟通。

一事一法，化解代沟。消除代沟有各种办法，应该本着一事一法，一时一着，不因循守旧，不墨守成规，讲究方式方法，跟孩子消除代沟。一事一法，可以让孩子能够顺利地接受。好的动机，必须要有良好的方法去保证，否则就达不到目的，收不到好的效果。一个人不仅仅要享受家庭的温暖，还要负起家庭成员的责任，父母有义务抚养孩子，供孩子成才需要的物质责任，但是孩子也应尽最大努力减轻家庭的物质压力，不随意花钱，应该主动帮父母做家务，自己能干的事情，诸如洗衣服，打扫卫生，都应该自己主动去干，这是孩子的责任。孩子大了，父母与孩子的交流就难了，不能很好地沟通，势必产生隔阂，父母无法了解自己的孩子，便教育不好孩子。孩子也往往因为父母不理他，容易把握不好自己，正在生长发育的孩子，尤其需要同父母交流和沟通。

灵活多样，化解代沟。要采取生动活泼的形式，不要板着老面孔，不要以训人的姿态同孩子交流。可怜天下父母心，哪一个做父母的不望子成才，光宗耀祖，不希望自己的孩子能吃得下眼下读书之苦，发愤苦读，考上理想的大学。孩子也愿意勤奋学习，考上好大学，但是孩子的学习生活太单调了，一天除了吃饭、睡觉，不是学习，就是学习，很容易对学习失去兴趣和信心，所以，父母在交流中多鼓励孩子，有句话不是说得好吗，"好孩子是夸出来的"，灵活的沟通方法，就是在教育中鼓舞，在批评中鼓励，在说服中启迪，以此来实现教育孩子的目的。

主动积极，化解代沟。跟孩子要主动沟通，这与被动沟通是不一样的。积极沟通，可以尽快化解孩子心中的郁结。所以，一定要做好沟通前的准备工作，一定要了解孩子的痛点在哪里，病根在哪里，是孩子的问题，还是家长的问题，这样做到主动有针对性地进行沟通，就会对症下药，很快解决问题。通过沟通不仅父母进一步了解孩子，还能增加父母同孩子的友谊，真正把自己的思想、知识、文化灌输给孩子。一个好的沟通，让孩子受益终身，为了让孩子成才，再添上父母的智慧，岂不比一个人的想法会更好。孩子听一听父母的意见，肯定有好处的，所以孩子要积极同父母交流，主动沟通。交流不但使双方互相了解，而且实现较好沟通，使亲子关系更融洽。增加父母同孩子的感情，促进孩子的学习，扩大孩子的视野，丰富孩子的知识，铸就孩子完整的性格，培养孩子的自信心，让孩子懂得尊重自己，尊重别人，这样的孩子肯定会有出息的。

建立平台，化解代沟。既然交流，就应该设个平台，我想用父亲给孩子写信的办法，来分享父亲的看法，这样就把当面不便谈，不愿说的话都说了出来。说实在的，哪个父母，也不是十全十美，也有缺点，他们有时可能还很武断，听不进孩子的话，但过一段时间，只要他们认真去想了，认为孩子是对的，他们就会认同孩子的。因为年龄的关系，所处生活时代不同，个人想法不一样这都是正常的，所以说父母与孩子沟通，要以互相理解为前提，不一定沟通都能达到一致,苛求有太大效果,但是,沟通肯定有益处,有积极意义。只要父母真正成为孩子的朋友,成为无话不说的好朋友,真正静下心来,好好同孩子交流沟通,孩子肯定会进步。

父母同孩子沟通好了,相得益彰,互相促进,通过交流思想,形成共识,就会增强孩子的学习信心和决心,使孩子不仅学习优秀,而且还懂得做人做事的道理,明白只有做好人,才能做好事,才能成好业。

消除代沟,携手前行。

窗花上的字

五六岁的时候,我家住的是泥草房。一到冬天的时候,窗户上巴掌大的玻璃就上霜,霜花很美。我就用小手在霜花上乱画起来。起床刷牙的哥哥看到我,他就过来教我写字。别人开始写字是在纸上,而我学写字是在地地道道的窗户上,在霜花上面,于是美丽的霜花被歪歪扭扭的数字和"人、口、手"等汉字弄得支离破碎了。

20世纪六七十年代,纸张很匮乏。哥哥的本子是舍不得拿出来给我练字的。我记得真正拥有本子是跟人交换来的,这个本子是我用捡来的废铁跟隔壁孩子换的。事后想来他占了我很大便宜,不过当时我觉得自己是占了他很大便宜的,因为我不知道一个小小的方格本需要多少钱。等我大点了才知道一个小方格本,也就五六分钱,而我那些废铁肯定能卖到五六角钱。

我每天早晨起来,不再往霜花上乱画了,以免哥哥教我时没地方写字。我喜欢上了写字,原因很奇怪,就是愿意听村子里的人,对哥哥写字的夸奖。哥哥的字写得方方正正,真的很好看。每到过年,村子里的人都到我家来,求哥哥写春联。我给哥哥打下手,把一张大红纸,裁成春联的形状,这些春联有贴在正房上的,有贴在过堂屋的,有贴在新结婚夫妻屋的,还有贴在爷爷奶奶的屋子,还有贴在猪圈、鸡舍、仓房上的春联。我要根据这些人的要求和春联尺寸,把几张大红纸逐一裁剪好，还要按照哥哥要求的字数，把裁剪出来的春联纸折叠好了，以便哥哥往里面写字，叠好后，放到哥哥写字的桌子旁。哥哥写好的春联，我还要及时铺在炕上或地上晾干墨迹，然后按照各家的春联，卷起来用报纸包好了，哥哥写上这家的名字。所以，我特别喜欢看哥哥写字，后来自己也练习过写字，可惜自己终究没有坚持下来。当下，青少年首先应该写好汉字。我们是中国人，写不好汉字，怎么成呢。

"文如其人，字如其格"，做文章就像做人那样，写字体现出这个人的性格。中国人写不好中国字是人生最大的遗憾。你写好字就是把一种别样的美丽示于人看，给人以舒服、爽目的感受，能带给人一种不可言喻的快乐享受。人本应该写好字，写好字又不难，况且下功夫就能写好字，所以，教育孩子一定要写好字。因为字是你随时示人的脸面。

邓散木先生说，学习书法，最低的目的是写得笔画端正，间架安稳、流利、漂亮。学习书法要先摹后临，首先去摹写庞中华、司马彦等书法家的正楷，在学习中一定要掌握执笔、运笔、用笔，结构这四个基本法则。写好钢笔字，其实没有什么太深的奥妙。

哥哥跟我说，写好字不是没有规律可循，只要你在多读、多写、多练、多用和多学上下功夫，经过一段时间，你的钢笔字就能够写得漂亮起来，如果坚持下去，你就离书法家不远了。

多读。就是对书法有用的书就去读，这样才能真正掌握书法要领，了解书法真谛，掌握字的间架结构。学书法要选择大家来学，切不可选择太多太滥，攻一精，进一专。现在比较流行的就属司马彦、庞中华的字帖，还有许多优秀的书法家可学，在突出一两家书法字帖的基础上，也要博览其他学派。要读古代的、现代的、流行的，要细心揣摩，认真体会，真正悟透书法真谛，才能提高书法水平，写出自己的风格来。

多写。实践出真知，学好书法关键在一个"练"字，不多写、多练，读多少书法作品也白费。"读"是取经，"写"是用经。通过写，才能把别人的东西变成自己的。常写常练，自得要领，熟能生巧。字写得好，关键是练出来的。要坚持时时写，日日写，年年写，不间断，绝不能想写就写，想停就停，这样永远也练不出来，也写不好字。写好书法的唯一途径就是永不间断地去练笔，先练正楷、然后练行书、草书，这样循序渐进，自得章法，只要学以致用，下真功夫练笔，坚持下去，自见成效。

多用。就是要经常运用，学习书法的目的在于把字写好后来运用。所以在练习书法的同时，要坚持在工作学习中经常运用，把学到的东西，运用到实践中去。多用可以提高你写钢笔字的信心，看到自己的字写得越来越漂亮，赏心悦目，带给别人快乐，自己也高兴，也自豪，这样就提高了写钢笔字的兴趣和信心，就会想下功夫把字写好。

多学。就是多学习，向书本学，向写字好的老师学习，向实践学习，不管谁钢笔字写得好，都要虚心向人家学习，哪怕他比你的年龄小很多，也要认真学人家之长，补自己之短，学而后知不足，学不止，练不止，境界就不止。

多坚持。字能不能写好，关键在于坚持练习。最忌一曝十寒，想起来就写，想不起来，十天半月不写，要持之以恒，要下狠心，鼓励自己，坚持下去，永不间断。不要总埋怨自己没时间练习书法，只要每天挤出半小时的时间来练习书法，积少成多，时间长了，效果自然明显。练习书法要持之以恒，集中精神，一心一意，专心致志练习。水滴石可穿，功到自然成。

哥哥已经年过花甲，有一天我跟哥哥提起他教我在窗花上写字的事。他说，你在窗花上写了一个冬天，后来你用废铁换个田字格本，那字就写得好多了，上一年级时，你赶上三四年级学生的字了。他说，做任何事情并没有捷径，只要你用心专一，加上无比喜欢，不管是书法，还是别的事情，你都能做好。哥哥喜欢写字，字写得好，受到村里人的赞许，想来他学习书法那阵子也经历过大大小小的曲折和不懈的努力，所以每个人都要下决心写好字，如果你有恒心，那肯定不愁自己的字写不好。

　　写手漂亮字，扬帆好人生。

提高学习效率

  小时候，我学习很好，总有一些家长问我父母，你家孩子你们是咋管的。我父母回答很干脆，我们家孩子都是散养的，他们愿意干啥就干啥，至于学习，我们斗大字不识一个，也教不了他们。但是不学好，我们可不惯着。父母生养我们姊妹兄弟八人，在那缺衣少吃的年代里，父母把我们养大成人实在不容易。父母虽然大字不识，但是他们注重孩子的品德培养和教育，为了我们的学费，买学习用品啥的，我的父母都大力支持，自己愿意念书的都念到了高中。大哥二哥教过学，对我们影响很大，因为，那时学习好了，就能脱离艰苦的农村环境，所以，少年时我们就发奋读书，都想通过考学，从农村里走出来。大多数人把教育孩子学习放在第一位，其实教育孩子如何做人，才应该放到第一位。教育孩子，只有在关爱、理解、宽松的家庭环境中，孩子才能丢掉自卑的心里，增强学习的信心和勇气。我的父母从来没有因为学不学习，呵斥过我们，孩子对学习没有兴趣，你打他骂他也没有用。所以，我们学习没有压力，就爱上学，越爱学习，学习成绩越好，这样学习的积极性和主动性就有了。

  后来，我也当家长了，在孩子教育上保持我父母散养教育的基础上，对孩子的教育，还是有些改进和提高的，我感觉家长只有好的动机和目的不行，还需要有好的教育方法、手段和途径。不懂就多向书本学一点，多向有经验的人打听一点，多读点有关教育孩子的书籍。想提高孩子素质，必须采取有效的教育方法和适合自己孩子的特点，才能使得孩子早日成才。我的父母没有读过书，他们多是在言行上培养我们成长，今天的教育方法肯定要与时俱进，掌握一点正确的教育方法，有利于孩子学习的进步与提高。

坚持早起，提高学习效率。只有养成早起的习惯，孩子才能身体好，身体好，精神才能好，精神好，学习效率才能高。身体是各项事业的基础，要坚持鼓励孩子，每天早上要早早起来，坚持跑跑步，做一些能增强体能的锻炼。

养成吃好早餐的习惯，提高学习效率。这里专门说说，现在孩子不愿意吃饭这个坏习惯，时下孩子们每天小零食不断，一到吃饭孩子就皱眉头，不好好吃饭，不管父母准备得多么丰盛，到他那里，筷子一动不动，孩子只有吃好饭，身体才能好，身体好，学习效率才高。有一些孩子不愿吃饭，特别是早饭，没到午饭的时候，他就饿了，还有的孩子一到吃饭就挑食，这不好吃，那不顺口，父母辛辛苦苦准备的饭菜，一口也不给你吃，所以，孩子吃好饭很重要，做到早饭要吃饱，午饭要吃好，晚饭要吃适当，不要偏食，不要乱吃小食品。

不读死书，提高学习效率。读书要有方法，不能读死书，死读书，机械地读书，都不足取。要有灵活的读书方式，巧妙地利用最佳时间，来学习最难懂的书籍。做事不可分心，无论做什么事情，都要认认真真，一心一意，千万不要三心二意。不懂就问，不会就学，要不断更新学习知识，来丰富自己，提高自己。

注重文化修养，提高学习效率。人要有品位，才有好的未来。少时啥规矩，老时啥模样。自小要养成彬彬有礼、规规矩矩的人，说有说样，坐有坐相，学有学样，到了一定年岁，习惯就养成了，你的素质，你的魅力就格外出众。待长者要谦卑，待人要和蔼可亲，做事要有礼节，做一个有修养、有礼貌、有文明的孩子。习惯在于养成，一旦养成好习惯，就会受益终身的。

讲究灵活的方法，提高学习效率。任何事情的完成，都有许多方法，学习也有许多好方法。心中有计划，学习有章法。凡事预则立，不预则废，这就是说计划的重要性。学习要做到有章可循，循序渐进，活学活用，用最好的方法去解决学习上遇到的问题。

完成作业不拖延，提高学习效率。今天作业，今天完成，不要养成拖延做作业的坏习惯。凡事要做，就今天开始做，立即行动，不要拖延至明天，说干就坚持下来，不要间断，持之以恒，这是最容易办到，又是最难办到的事情。

其实，学无定法，因人而异。关键的一条就是持之以恒。

提高效率，学有章法。

有个好心态

村里有个王张罗，王张罗就是给村子里大事小情张罗事的人。其实王张罗大名叫王大军，没人叫他大名，大人小孩都叫他"王张罗"。

王张罗很忙，比如结婚、生孩子、升学、盖房子、修大门等，他需要头一天就过去，帮助张罗事。谁炒菜，谁煮饭、谁烧火、谁端盘子、到谁家借桌子、借凳子、借锅碗瓢盆、谁去城里买菜等，这些活儿没有两下子，真就整不明白。到了正日子，也是王张罗最忙乎的一天，他跑前跑后，忙活不停。这几天，东家把整个办事儿的大权统统交给了王张罗，比如购买食材、烟酒、糖茶等都由他说了算。啥时开席，这些事儿都由王张罗定。比如谁家孩子结婚，在开席前，王张罗还得大声吆喝几句，开口先来句"同心永结劳动果，并蒂常开幸福花""志同道合好伴侣，情深谊长新家庭"，然后谢过做饭的、帮忙的、来参加婚礼的，谢过一圈后，给大家鞠个躬，接着说，吃好喝好，东家有招待不周的地方，请大家多多原谅，不怨东家，只怪他想得不全，做得不够。

王张罗整天笑呵呵的，似乎他没有一点愁事儿似的。村里人都喜欢与他交往，家里人闹个不愉快，两口子吵个架啥的，都把王张罗请过去。你说也怪，他过去一说和，这事儿就摆开了，疙瘩就解除了，家人就和好了。村子里这些年就没有离过婚的，就没有打仗斗殴伤人的事情发生过，这归功于王张罗。王张罗家日子过得也不错，包产到户后，王张罗养猪、养羊在村里也是中等富裕户，儿孙满堂。我特喜欢王张罗有个好心态。现实生活中，谁没有一点愁事儿，谁没有个为难招灾的事儿发生，可是王张罗都能够正确面对，他积极的处事态度，良好的心理素质，不悲不喜、不怒不怨的心态，形成了他诙谐幽默的个人风格。一个人要达到王张罗的境界，你说生活中那些不愉快，那些挫折、烦恼还算个事吗！

　　孩子面临中考，有些急躁。我看在眼里，急在心头，我想起了村里的王张罗。于是，我领孩子去泡了一次温泉。在路上给他讲王张罗的故事，孩子听了王张罗的事儿，可把他乐坏了，回来后，孩子紧张的情绪得到释放。中高考前给孩子减压，对孩子考出好成绩是很有帮助。所以，一个人不仅仅需要健康的身体，而且更需要一个健康的心理素质，培养孩子的良好心态，对学习、交友、工作、生活等都有着重要意义。

　　有很多孩子在小学时学习不错，一到了初中孩子反而学习不好了，有的甚至因为学习压力大，造成心理疾病，出现厌学、弃学等现象。常言道，"功夫在课外"，良好的心态是平时注重培养的结果。有个好的心理素质，才能有好的性格，有了好性格，才能端正学习态度，有了正确态度，才能端正学习方向，有了明确方向，才能克服学习中的各种困难。庄恩岳在《学会欣赏,学会调节》一文中写道，流水之声可以养耳，青禾绿草可以养目，观书绎理可以养心，弹琴学字可以养脑，逍遥杖屐可以养足，静坐调息可以养筋骸，自然美景让人赏心悦目，琴棋书画能陶冶情绪，生活应该丰富多彩，身心需要经常调节。顺其自然，适应环境，随遇而安，则多安静;重名利，嗜欲望，心胸窄，则少快乐。

　　吕志鹏以696分的成绩考上了清华，他在《开启清华之门》一文中写道，当我坐在考场中，以天地四方，我必成功来自勉，待心情渐趋平静的时候，立刻如入禅一样，心无外物，无得失、无胜负、无感觉，完全投入到解题之上，不因做出题来而欣喜，也不因做不出题而伤感。这是他考出好成绩的主要原因，同他一样学习好的也不少，为什么没有他的成绩好，这主要就是个临场发挥问题，临场发挥又是心态问题，心态问题又是平时锻炼的问题。只有平时注重培养，加强锻炼，关键时候才能摆正心态，功课扎实，基本功强，这样考试时，才能做到游刃有余，学习才能如鱼得水，才能取得好的成绩。

正视现实，摆正心态。正确对待自己的学习成绩，无论是好是差，不要骄傲，也不要气馁。须知改变你自己的不是别人，而是你自己。提高成绩，在于自己的刻苦努力。要以学习为中心，正确处理好学校、老师和同学的关系，不以自我为中心，不苛求环境、不苛求他人、不回避矛盾、不逃避现实，较好地处理好与老师、与同学发生的矛盾，能以学习为重，顾全大局，乐于做出牺牲，在不是原则的事情上，做出让步，不斤斤计较，患得患失。

认识自己，端正心态。要对自己有个正确的评估，既肯定自己，又要知道自己存在的差距和问题，明白需要改正的地方；既不要好高骛远，整天沉湎于脱离实际的幻想，企图逃避现实，又要制订切实可行的学习计划，对理想充满信心和斗志，要充分了解自己的优点、弱点、性格、兴趣、爱好，要知道现在学习虽然很紧张，压力很大，但是只要努力过了，这是"黎明前的黑暗，光明就在前头"。曙光既已到来，光明还会远吗，咬咬牙，挺一下，坚持一下，就挺过去了。

调整自己，摆正心态。面对来临的中高考，孩子来自各方面的压力比较大，所以让孩子学会自我减压、自我释放、自我调节、自我平衡很关键。越是到了最困难的境地，越是要坚持住。面对中高考，不紧张是假话，如何增强自信心，消除紧张，这才是真的，既要积极努力，加倍学习，又要注意方法，学会减压，学会放松；既要补短扬长，全面推进，又要有针对性，突击补上短板；既要有良好的心态，健康的心理，又要心境平和，处变不惊，临危不惧。调整好心态，这样才能从容面对中高考的冲刺。

相信自己，摆正心态。一定要相信自己，鼓励自己我行，我肯定行！给自己以信心。郭栋在《成功的背后》一文中写道，我相信一个人若是有信心，就一定能成功，我用一段话鼓励大家，超越自己，我们最强的对手不是别人，而只能是我们自己！在超越别人之前，先得超越自己，创造另一个自己，创造自己的风格，创造自己的前途，创造自己。每个人都应该看重自己，在别人肯定你之前，你先得肯定自己，正是这种心态，让郭栋毅然决然地在第一志愿栏上填上"清华大学"，正是这种对自己的肯定，他才勤奋苦学。早上天刚蒙蒙亮就起床，晚上头顶星空，他才拖着疲惫的身体躺在床上，正是这种对学习的执着，才达到了忘我的境界。在最艰苦的日子，他不放松，日日夜夜在忙碌中度过，正是相信自己，他才能够主动调整好身心，适应了高考冲刺阶段的紧张状态。

情绪乐观，营造心态。我快乐，才能感染周围的人快乐。情绪乐观，这是保持良好心理健康的关键，要心胸开阔，才能豁达大度；要情绪稳定，才能不急不躁；要热爱生活，才能积极向上；要视学习为乐趣，才能让困难变阶梯。学习是快乐的来源，即使你不在意自己将来有没有成就，单以目前的生活来说，学习也会让你觉得是一件满足的事情。每个人都希望自己的学习生活能够快乐，但我们总会发现，快乐并不能依赖外在的环境，而要靠自己的内心。悲观者遇到堵车，叹道："我真倒霉，一出门就遇到堵车。"乐观者则高兴地说："我真幸运，平时没工夫观看道两旁的风景，这会儿才有时间细看。"你心态乐观，情绪才乐观，你有一颗快乐的心，快乐才会降临。人生不如意之事十之八九，要正确对待学习、生活中的困难，遇到烦恼，要妥善处理，不以物喜，不以己悲。善于分享，给予和接受爱和友谊。从相处中寻找快乐，有时生一点儿气是正常的，但总要学会排遣自己的烦恼，发泄自己的不愉快，能把握分寸，不失理智，不会为眼前的小事，而忘却长远利益，不冲动，不无故发脾气，能克制自己，敢于为自己的行为负责任。你需要像王张罗那样整天精神饱满，斗志昂扬地面对生活，这样的人即使现在不成功，将来一定能成功。因为他们拥有自信，因为他们拥有健康的心理。

　　一个优秀的人才，不但在学习上，而且在思想上、能力上，还有身体上，都是最棒的。一个人体弱多病，势必精神状态不佳，所以心理健康的前提，首先应该是身体健康。身体健康，就必须热爱体育运动，经常参加体育活动，哈三中那些真正学习的尖子，都是德智体美劳全面发展的学生，所以，青少年必须把体育锻炼同自己的学习结合起来，注重体育锻炼。天天早上起来跑一跑步，这样就会精神焕发，斗志昂扬，精神好了，心情就好，学习效率就提高了。中午课间休息一下，多参加一些必要的体育活动，这样就可以使自己紧张的大脑放松一下，文武之道，一张一弛，老学不好，老玩也不好，玩乐同学习巧妙地结合起来最好，学累了就活动活动，以学为主，以玩乐为辅，张弛有度，自然学习兴趣就上来了。好的心态，要长期培养和锻炼，勿以善小而不为，勿以恶小而为之。多做好事，多助人为乐，多求上进，自然心态就好。性躁心粗，一生不济。好性格，才能有好的行动；好的动机，才能形成好的品德；有了好的品德，才能有好的人生。

　　王张罗的故事都是开心的，跟他交往也是开心的。我每次回老家，都跟王张罗喝顿酒，侃侃大山。前年碰到村里人说，王张罗去世了，他都快九十岁的人了，无疾而终。王张罗与世无争的好心态，让他获得了高寿，他也算因为快乐而修成正果。但是王张罗的死，在我心里就好像丢了一件宝贵的乐器，有一种失落感。

　　稳健的心理素质，畅达的人生旅途。

会说话好办事

王叔说话不拐弯,"直拉"。他在队里赶大马车。人们从没见他用鞭子抽过马。他赶车时,车子一旦掉坑里了,他立马从车老板的座位上跳下来,左瞧瞧右看看,然后跑到地里抱一捆玉米秸秆,垫到车轱辘底下,他再次站到大车上时,只见他在空中甩起那长长的带红缨的马鞭,一圈又一圈地摇着,那马鞭是越摇越快,足足得有两三分钟,这时只听见一声炸雷响,他大喊一声,"驾!"那三匹大马,你说奇怪不,都绷直了脖颈,只见驾辕的枣红马的马鬃毛都一根根地竖起来了,车两边配套的稞马,也都来了精神头,瞬间就把大车从泥坑里拖了出来。

社员去赶集多数都搭王叔的车,队里安排他往返天增泉烧锅趟数多,还用说嘛,他赶车好呗。赶集多的就数村里的小媳妇们,她们即使不买东西,也愿意闲来无事逛逛大街。有个刚结婚不久的李大个子媳妇,坐车晕车,呕吐时没控制住,吐了王叔一身。一天,李大个子媳妇乐颠颠地从家里出来,约邻居李嫂去一块赶集。李嫂来到王叔马车旁一扯车栏杆就坐上去了,李大个子媳妇抓住车边,刚要上车,王叔把眼珠子瞪得圆溜溜的,大嘴撇了一下说:"你还坐我车啊!"车上一车人,李大个子媳妇让王叔这句话给整哭了。好在李嫂出来帮腔,"王老板,车是你家的啊,这车不是队里的吗,干吗啊,谁都能坐,不让我妹妹坐呀。"说着话,伸手就把李大个子媳妇扯上车了,大家你一言我一语地数落王叔。王叔自觉理亏,也不言语,低头赶车,去了集上。

王叔还得罪过队长。那一年队里分瓜,队长偷偷给大队书记留下点瓜,藏到瓜棚的蒿子堆里面了,让王叔看到了。看瓜老齐头按照每户十斤瓜,个头大小均匀好了,称好斤数,一堆堆分好了,就等着村民来取。到了瓜地,不管哪家,你随便挑一堆瓜,装进从家带来的筐,自己就拿回去了。家里没有大人来领瓜,就来半大小子。我们几个淘气小子,蹦蹦跳跳地来瓜地领瓜,西院王大胖来泼尿,我跟他连跑带颠地来到瓜棚后面,脱下裤子刚要尿。王叔喊了一声,"浑小子边上撒去。"吓得我们几个提着裤子就跑到旁边苞米地里去了。他过去一把将藏瓜的蒿子堆扒拉开,队长正在远处的瓜地里瞧着他哩,还冲他直摆手。王叔就当没看到,跟队长说:"队长这瓜是咋回事儿啊?"队长说:"那是给贫困户、军烈属留的。""那我赶车给送去?"队长气不打一处来,"你闲得啊,该干啥干啥去,哪里显得你。"就这样,大队书记的瓜没留成。

孩子懂事了,过了18岁就成人了,他就像鸟儿翅膀硬了,该由他自由飞翔的时候了。假如他闷头不语,连个话也说不好就会影响他跟别人的交往,直接影响他今后的发展。有一本杂志叫《演讲与口才》是邵守义主编的,它讲的就是说话艺术。平常生活中,我们常常见到一件事说不同的话,就会出现不同的结果。说话很重要,特别是在现代社会,如此竞争激烈的今天,就显得更重要了。现代人沟通交流离不开语言,而一个人如何说话,又受到他的阅历、性格、环境等诸多因素的影响。说话就犹如一个人向外打开的一扇窗口,让人家把你看得清清楚楚,你是一个什么样的人,通过这个窗口让人家认识你,了解你,它对你的事业发展都有着至关重要的影响。会说话的人,常常受人欢迎,受人尊重,他们的人缘也就比较好,大家也就愿意帮他的忙,所以,这些人也就很容易地取得事业成功。说好话,其实不难,只要你肯于总结自己讲过的话,慢慢地锻炼一段时间，话也就自然会说了。

首先要听好话。倾听尤为重要。你必须学会恭耳敬听、洗耳恭听、静心倾听。要知道，一个人长了两只耳朵，一张嘴巴，就是让你多听少说，这是一个人在生活交往中的重要原则。只有听明白，才能仔细地想清楚，做出正确的判断，才能有正确的说话思路，然后说出准确的话语。卡耐基说："倾听是放之四海而皆准的原则。"倾听不仅是获取别人的信息，而是对别人的尊重，不管多少人说话，话要想着说，而不要抢着说。说好话，就必须要听好话，要听人家对话，听明白人说话内容，这样才能明白自己应该如何参与对话。

说话要谨慎。生活中有许多烦恼，都是由于自己说话不注意而引起的，诸葛一生唯谨慎，吕端大事不糊涂。应该牢记，多言，德之贼也，故明者慎言，故无失言；暗者轻言，自致害言的古训。这句话的意思是，多说话就同盗贼一般，聪明的人非常注意自己说话，因此没有失言的地方，不谨慎的人随意说话，导致自己因说话引来了很多不必要的麻烦。凡是那些能对别人的言行施加影响的人，都是能准确把握自己言行的人。口者关也，舌者机也，出口不当，驷马不能追也，口者关也，舌者兵也，出言不当，反自伤也。这句话的意思是，话说错了就是用快马也追不上啊，说话不当，反而自己伤害了自己。说话要谨慎，话到嘴边想一想，话要想着说，不要抢着说。俗语说"嘴边要常备上一把锁，说话得有个把门的"，一个人只有谨慎说话，才不容易出错；不注意说话，就容易说错话。也许有人正等着你滑倒呢，倘若不小心，你就会被自己的言辞绊倒。《红楼梦》有句名言"逢人且说三分话，未可全抛一片心"，就是教人讲话，做事要谨慎。言多必定有失。喜时之言多失信，怒时之言多失礼。古人很早就认识到"祸从口出"的道理，"讷为君子，寡为吉人"，《孔子家语》中记载，"不要多说话，多说话就会有更多过失，不要过多找事，多找事就多祸害。"

说话不离题。说话要准确明白，扼要精简。说白了，说话不要胡扯乱拉，东一榔头，西一扫帚子地，别人不知道你在说啥。要说话，就要想明白再说。你想说啥，说什么事，啥意思，你在表达什么的情感，你的话思想观点符不符合常理，符不符合客观规律，然后再去说，这样，说出来话才有份量，才能赢得别人的尊重。有人说，"站得高，看得远"，你说的话是人人想说，而别人又表达不出来的，说不出来的话，这样的话才是最好的话、最准确的话、最应该说出来的话，这样的话有格局、有高度、有见地，才能达到"听君一席话，胜读十年书"的效果，你说话必须让人感觉到，你确实比别人略高一筹。"心底无私天地宽"，只有心底无私，你说出来的话，才是高屋建瓴的话。说话是小事，也是大事，说话能够体现一个人的格局大小，素质高低，学养厚薄，阅历丰盈，历练分寸，等等，从一个人说话中就能看出来你是一个啥样的人。

说话注意分寸。幽默可以说是扩张的语言，但是一定把握分寸，注意场合。一句笑话出一条人命，这不是假的。"闲谈莫论人非，静坐常思己过"，人前不论人非，人后更不能道人家长短，这是一个人本质问题。说话注意分寸，就是到什么山唱什么歌。话当说必须说好，不当说则坚决不说。该止则止，恰到好处。说话还要看对象，就是对什么样人要说什么样话，话不投机半句多吗。你想同人家沟通，必须找准共同点、结合点，说大家互相喜欢交流的话题。说话要有后果意识，不要乱说话，随意说话。语调尽量放慢一点，做到心境平和，不急不躁，说话不要意气用事，说话一定要注意程度分寸，沉着冷静说话。

说话要文明。说话是你向外界展示的精神风貌，体现你的内在的素质，所以，说话不要说脏话、土话、难听话、俏皮话、挖苦人的话。说让人能接受的话，让人明白的话、让人佩服的话。说话要谦虚，不要夸夸其谈，以此来显摆自己什么都懂、什么都会。说话一定要谦虚谨慎，尊重说话中的长者，照顾说话大家，不要一个人在那里一个劲地说起来没完没了。说话要简明扼要，干净利索，不要啰唆，拖泥带水。说话要注意自己的肢体语言，说话时，不要东张西望，摇头晃脑，指手画脚等。说话一定要讲究方式方法，说文明话，做文明人，这样就会让人感到你有修养、有知识、有文化、有品位，让人跟你说话感到舒服，人家就愿意跟你说话交流。下决心把话说好吧，因为未来离不开语言的交流沟通，一定要说好话。

王叔耿直，快言快语，做事风风火火，一辈子没娶上媳妇。土地承包以后，王叔承包了一个鱼塘，每天独自一人蹲在池塘边上钓鱼。一次我去看他，他跟我说，"江山易改，禀性难移。那年别人给我介绍对象，我说姑娘你哪里都好，就是脸上的疤咋整的，你说这对象能成吗。再后来，给我提亲的，也都是因为我这张破嘴，不会说话而没成。"王叔教训深刻，说话可得当回事儿。

静观世态百相，少说多思为上。

从孩子记账簿说起

孩子考上了初中，我收拾书柜时看到孩子9岁时写的记账簿，买铅笔1元、笔擦0.5元、巧克力1.5元、捐款1元……那是1998年，因为孩子妈妈开饭店贪黑起早没时间照顾他，我又经常下乡，忙得十天半月回不了家，没有办法，只好将孩子送到县城德化小学读书，这样也给他创造了一个好的学习条件和环境，在他大姑家跟他大姑的孙子孙女一起读小学。当时，让他离开父母身边，增强他独立生活的能力，我把孩子学校的花销给了他大姑。当时，我为了锻炼一下孩子记账的能力，跟他建议，使用零用钱记上账。于是，我找来一个小本子给他记账。他每次花钱，干啥花的，花多少，都记到本子上，如果记的花销一次不落，他花出去多少钱，我给他补多少钱，如果有遗漏的，每次扣5角钱。没想到，他真接受了我的这个建议。刚开始，我告诉他咋记，帮他记。后来，他慢慢地学会了自己记，我怕他坚持不下来，就经常鼓励他，帮他找落下的账。一周后，我兑现了奖励。后来，我将一周奖励一次，变为一个月奖励一次，这样奖励的钱就多了，他花出去多少钱，就奖励多少钱，因为他一次也没有遗漏的，所以，到月底就奖励了他三十多块钱，从此以后，我再也没帮他记过账，他所有的花销一次都不落，记了满满的一个小本子。他在县城里读了一年多书，不仅学习成绩提高了，长了见识，身体也长高了，离开父母，也懂事了，看来让小孩子出去独立生活一段时间，对他的成长还是十分有利的。

　　培养孩子花钱管钱的能力，我感觉还是从小抓起，形成习惯，这样的话能让孩子树立正确的金钱观，从小形成经营管理的理念，对他的未来发展十分有好处。钱管理好了，还可以钱生钱，记记账就可以得到一倍的钱，记账又不难。并且，多得的这些钱还可以自己支配，咋花咋用也不用跟父母说了，自己想买啥就买啥，他可以自己做主去买糖块、爆米花、气球，这对孩子来说，要超过给他零花钱的意义。孩子自己拥有了对钱的支配权和使用权，话语权对他来说十分重要，提高了孩子管钱理钱的信心。这样教育的目的就实现了，在他内心世界里种下一枚理财的种子。

　　我十分崇拜父亲的一句话，小时啥样，大时啥样。所以，孩子上初中，让他树立正确金钱观、名利观、学习观、运动观、事业观、恋爱观等都很重要，特别这个时期正是猛长身体、思维渐成、习惯养成的时候，培养他树立金钱观和价值观非常重要。天下熙熙皆为利来，天下攘攘皆为利往。不树立正确的金钱观就会出问题，这使我不由自主地想起了啬色鬼葛朗台，他除了金钱，什么都没有，正是由于葛朗台过于看重金钱，而使他失去了亲情、友情，甚至是自己的性命。古语道，君子爱财，取之有道。我们挣钱要通过正常的、合理合法的渠道去挣钱，不要走歪门邪道，挣那种不干不净的钱。

　　树立正确价值观。没有钱万万不行，但是金钱不是万能。陈嘉庚和邵逸夫回到祖国，一掷万金，捐资助学，他们有着崇高的爱国思想，正确的金钱观，应该是省到该省，用到该用，他们不铺张浪费，拥有几个亿财产，却过着普通人一样的生活，一分钱也算计着怎样去节约，可是他们为了祖国，为了发展卫生教育事业，拿出上亿元资金做贡献。亿万富翁彭余年，坐拥数亿资产，可是，他挣钱不给自己，也不给儿女，而是全部捐给慈善事业，让几千名白内障患者重见光明。彭余年说，多留钱给后辈，如果他们有办法，即使不给他们留钱，他们也会发展得很好，如果他们没办法挣钱，留钱恰恰是害了他们，与其这样，还不如拿出钱来做点好事；如果好事做得开心，比做生意赚钱更加重要。他说钱够用就行了，钱太多了就是符号，没有什么实际意义。那些亿万富翁有很多感悟，钱积攒到一定程度，那就是一个数字，他们不在意钱多钱少，更在意自身成功，自身价值，自己理想的实现，那才是挣钱的目的和根本。

节俭是最大的美德。节俭是人的美德。想一想挣钱人的不易，花钱时一定要三思而行，不该花的钱决不能乱花；可花可不花的钱，要掂量着花；一定要花的钱，要有计划去花。特别是不能用父母的血汗钱去花天酒地吃喝玩乐。衣服不一定非得穿名牌，只要经常洗，得体干净就行；鞋子不一定要漂亮，合脚就行；吃得不一定要讲究，吃饱就行。只有平时的节俭，才能攒得下钱，关键时候拿得出来，渡过难关。有一位亲属正是靠着节俭而发财致富的，20世纪80年代，他从山东只身一人逃荒来到巴彦，当时一分钱也没有，他靠苦干挣钱，靠节俭攒钱。来巴彦二十几年，仅仅靠着做豆腐、种地，自己不仅娶上媳妇，而且攒下存款十几万元，那可是1989年的事情，十几万元，对农村的一个地地道道的农民来说，可不是个小数目，他又靠这笔钱，在老家山东开了几处买卖，现在红火得不得了，你看节俭该多么重要啊！现在有的年轻人，他们活着就是为了吃喝玩乐，醉生梦死，无所事事，有的身强体壮，却什么也不做，靠着父母微薄的退休金来生活。莎士比亚在诅咒黄金时说，有了你，黑的会变白的，丑的会变美，错的会变对……癞子变成雅士，使强盗受到册封……正是金钱有它的特殊作用，有的人违法乱纪，敲诈勒索，贪污盗窃，就像巴尔扎克笔下的葛朗台，身上每一根毫毛，都散发着铜臭味，使自己掉进了金钱的陷阱，甚至丢了性命，呜呼，哀哉，没了性命，要那么多钱财有什么用！有句话说得好，人睡不过三尺床，吃不过三顿饱，住不过一间屋。求什么，生带不来，死带不走，人生一定要知足常乐。其心也善，其人也善，其德也明，多好啊！

创造财富是人才。真正拥有财富，不是父母留下来的，而是自己创造的。李彦宏成功地创造了财富，他说，眼光比能力重要，选择比努力重要，做事先做人，做事先看趋势。他凭着胆识、专注、执着、自信，使自己梦想成真。

学会管理是智者。一个人最大的悲哀就是缺乏知识，使自己穷一辈子，不会管理自己的财富，不能使自己的财富得到升值。很多人都是从小生意做起的，不断扩张，规模不断扩大，使财富由小到大，由少到多，最后靠管理、经营成为富翁。学会储蓄，不要有钱一下子都花光，要在银行设立账户，把自己的收入定期储蓄起来，这样就积少成多，等你着急用钱时，就有一笔可观的资金做保障了。

学会经营是能人。人生需要经营，财富同样也需要经营。要善于抓住机遇，善于了解市场动态，敢于决策，敢于承担风险。农村每到十月份，大豆一下来，就有一些粮贩子纷纷涌进农村收粮，他们就是抓住农民新粮下来，农民急于还银行贷款的机会，并且新旧粮衔接阶段还有一个好的价格空间，所以，这时候做大豆买卖，风险就比较低，收益就比较好。

孩子太小，能坚持记账很不容易。一个人学会理财也很不容易。善于经营，懂得经营，是一个人从小到大，都应该学习的事情。年轻人可以用学习提高自己，中年人就需要挣钱来养家，挣不来钱，家里日子过得紧紧巴巴就没了生机和活力，所以学会赚钱的本事很重要。

懂得经营之道，勇于创造财富。

跟孩子沟通

我在小学四五年级时候，放农忙假，正赶上队里放猪的单身汉王大个有病了，不能给村里放猪了。队长在队里念叨这件事，反复考虑好几个人了，没有合适的放猪人选。父亲正好从马厩喂完马出来，就跟队长说，"如果没人，你看我家老小子行不行，放农忙假，在家待着，十天八天也不能去学校。"队长一拍大腿，"可不是，你家老小子，老实巴交的，交给他放猪，大伙都放心。"队里的猪，都是农户自己家养的，农户都上队里干活了，家里的猪没人经管，这样队里就安排不能参加队里劳动的社员放猪，放一天猪也就七八个工分，好人不稀罕干这活，懒汉又干不了，村民信不过，他不好好放猪，猪吃不饱，回家闹圈。其实，这些猪挺好放的，这百八十头赶到草甸子上，猪在草甸子上吃草，吃饱了晚上赶回来，但是，也有个别猪闹人，它不好好吃，专往猪群外跑，跑到地里吃庄稼，这种情况要让队长看到，放猪的活，你就别想干了。

队长答应父亲，父亲回来问我，我也跟放猪的王大个一起玩过，他放猪我们一帮小孩子在水泡子旁边玩摔泥泡了，王大个其实个子很矮，也就一米四那样，比我们高不了多少。我父亲脾气很不好，但是跟孩子从来不发脾气，跟我就更不用说了，老儿子惯着，7岁还骑父亲脖颈子去学校呢。父亲跟我说："你不老张罗挣工分嘛，这回给你一次机会，王大个有病了，不能放猪，你放几天，挣的工分归你，到领工分时，你想买啥就买啥，也就十天半月的，王大个在家养病，你开学，他就接手。明天就开始，头一天放猪，让你妈帮你把猪赶去南甸子，猪记道，晚上它们自己就往回跑了。"我答应了父亲。

　　第二天，我就开始放猪。我把猪赶到南草甸子，跟在那里放牛的孩子玩"下五道"，玩打水漂，下到小河里抓鱼。早上家里吃啥就给我带啥，母亲还会给我煮两个鸡蛋拿着，我们到了中午就泡在水塘里玩打水仗。晚上四五点钟了，把猪赶了回来。

　　放了几天，很顺利。一天，我还像往常一样，去街上拢各家出来的猪，拢到一起，好往草甸子赶，哪知道，这天是五月节，各家把猪放出院子，都拿鸡蛋给我，有的给煮熟的鸡蛋，有的给生鸡蛋，每家都给三五个鸡蛋，基本上是根据他家猪多少来给我，猪多的就多给几个鸡蛋。我赶紧跑回去将这事告诉母亲，村里人给的鸡蛋我收不收，母亲笑了，"老小子，我早晨忙乎忘了告诉你，每年五月节，家里有猪得给猪倌几个鸡蛋，这是习俗，你可以接受。家家给你鸡蛋这是祝福，也是感谢你，更是希望你今后要好好放他家的猪，给他家猪放到草好的地方，多吃点好草，多长点膘。你是借王大个的光，你可以考虑分给他点鸡蛋。"我认为母亲说得有道理，就把所有的生鸡蛋装进筐里，让小伙伴帮我看一下猪，我把鸡蛋给王大个送去。王大个正在家洗衣服，我喊了声，"王叔，我来看看你。顺便把大伙送的鸡蛋给你拿过来一些。"他说："老小子，谢谢你，我家里有鸡蛋，你赶快拿回去吃吧。"我说："王叔，我替你放猪是应该的，还挣工分。这鸡蛋是大伙对你的心意，王叔，我放这了。我得赶紧经管那些淘气的猪。"说完我放下筐就从王大个家里跑了出来。煮熟的鸡蛋，我分给去草甸玩耍的小伙伴们吃掉了。我放猪经历纯属偶然，王大个不生病，父母舍不得让孩子放猪，放到今天让十一二岁的孩子去放一二百头猪，那简直是异想天开，但那时，父母敢想，孩子敢干，父子一沟通这活就成了。为啥，父母觉得孩子能干这活，放放猪，锻炼锻炼孩子也有好处。假若放在现在，让孩子干一些底层的活计，父母不敢想，孩子也不能干。我得感谢父亲，愿意放手让孩子尝试各种活计，只有干过的活计，才有亲身的感受，才能丰富孩子的阅历。不经世，不懂事。大人不放手，孩子没机会干，孩子不接受锻炼，永远也长不大。

那时孩子听话，父母说啥是啥，让干啥，就干啥。而今，父母说啥，孩子偏不听啥；让孩子干啥，得听孩子的，他愿意，就干，不愿意，就不干，父母干脆没辙。更不要说，放猪这样的活了，根本不要去想。小时候父子沟通，就跟让我放猪这样简单，"老小子，你去干啥"，就这样简单明了，我颠颠地就去干，不问为什么，不问怎么回事；而今天，父母跟孩子沟通，必须讲方法，讲艺术，不沟通交流，就不能了解孩子，不了解孩子，就教育不好孩子。我们现在很多家长只关心孩子的吃穿、学习，可是对孩子内心想的，愿意干的，喜欢什么，讨厌什么，却知道得不多。你只有真正了解孩子，你才能对症下药，教育好孩子。

要寓教育于沟通之中。无论孩子犯了啥样子的错误，父母首先要正确对待，孩子犯了错误，父母也是有责任的，要以理服人，要让孩子长记性，不要让孩子犯同样的错误。父母不要不讲理，我是父母，我说什么，就是什么，明明错了，也不认，父母要勇于向孩子承认自己的错误，同孩子交流要坦诚，要平等地交流沟通，允许孩子发表不同意见，甚至反对意见，要以理服人，多以朋友的身份，同自己孩子交流沟通，要真诚，要真实，才能跟孩子沟通好。

要寓教育于谈心之中。要经常同孩子谈心交心，要多鼓励孩子，不要对孩子全面否定，这也不行，那也不行，多发现孩子的亮点、优点，给予他恰如其分的表扬，有句话说得好，你心目中的孩子，是个英雄，他就果真给你造就个英雄；你总是认为自己的孩子什么也不行，什么也不好，那么他果真就会给你整个一团糟。同孩子谈话就是交心，要帮助孩子解开思想上的疙瘩，那样孩子心气就顺了，孩子正处在青春期,各种思想不断涌向他,使他很迷茫,作为父母要用自己年轻时的心态,来同孩子一起渡过难关。

要寓教育于帮助之中。家长批评孩子,目的是让孩子有所改进,有所提高,批评的目的是帮助孩子,所以方法方式一定要从孩子的实际出发,讲究批评艺术,尽量做到心平气和,讲道理,摆事实,不论你多么气恼,不要乱用家长的权威,一乱用,就会失控打孩子,你会后悔一辈子的。尽量酒后不要教育孩子,这样可能出现语言过激等行为。家长打了孩子,一定要让孩子明白,自己为什么挨打,要不然孩子就白挨打了。

小时候放猪的事,我并不认为这是难以启齿的事,相反我感觉那么小的年龄经管那些头不听话的猪,也很不容易,应该是一个值得骄傲的事。我记得这样一个画面,早晨太阳刚起来,一个瘦瘦的小孩,拿着鞭子赶着一群猪,那些不听话的猪,好像故意捉弄这个小孩子似的,总瞎跑乱闹,一头猪刚刚被小孩从地里赶回来,另一头猪又不见了,又跑进了道边的地里,刚把这头猪赶回来,不一会儿又有一头猪跑没了,一会儿又有两头猪一起跑了,把小孩累得呼哧带喘的,小孩有点撑不过来了,于是,用鞭子狠狠抽打往地里跑的猪,小孩子气哭了,是猪把小孩气哭了,这样的画面定格在我的脑海里。放猪真的不是容易干的活,我能做好,真的感谢父亲,让我有机会尝试干了这个活计。看来,小时候听父母的话,还是对的。

真正了解孩子,才能教育好孩子。

做最优秀的你

穆画匠是山东逃荒过来的，只身一人。一路啥都弄丢了，只剩下一支没有多少毛的毛笔。穆画匠个子挺高，大眼睛，双眼皮，那双眼睛就像会说话似的，谁跟他的眼睛一对框，就特别舒服。穆画匠不善言语，人特会来事儿。他本来在大墙写写大字，可是南北屯子小媳妇结婚没人画柜，有一家人就把穆画匠请去了。这穆画匠哪干过这细码活，好吃好喝招待着他，十八岁的姑娘淑娟端茶倒水桌上桌下伺候着。他想啊，我也不能白吃白喝，咋得也得把淑娟哥哥结婚用的大柜给画好了。他左思右想也没有想出画啥。一天会计到淑娟家算账用复写纸，他猛然醒悟。于是，上供销社买来一盒复写纸，上有大柜的人家，用复写纸把人家大柜图案临摹回来，然后照葫芦画瓢，折腾了三四天终于给淑娟家大柜画完了。穆画匠的眼神也把淑娟姑娘的魂给勾走了。本来说好了淑娟家要给穆画匠工钱，穆画匠心里想啊，我能要钱吗。淑娟家坚持要给，穆画匠说我拿你家大柜当练习画柜了，钱我不能要，等我画成了再重新给你家画。其实淑娟的父母也很喜欢穆画匠，小伙子人品不错，一表人才，也看出来自家姑娘对穆画匠有意思，年龄也没差几岁，怎奈姑娘太小，所以淑娟父母就跟姑娘说，你俩先处段时间再说吧。淑娟心灵手巧，地里、家里的活计样样拿得起放得下。初中毕业，屯子里好几个小伙子在追她。可是，淑娟心气高，一个都没看上。你说这身无分文，居无定所的穆画匠，倒是让淑娟一见倾心。

穆画匠在淑娟家刚一画完大柜，有个小队就找他往大墙上写宣传标语。穆画匠无论公家写大字，还是个人家画柜，收的费用都很低，所以找他干活的一个接一个。

这一晃两年就过去了。穆画匠这边忙，淑娟在队里干活也闲不下来。这段时间他俩抽空去看了两场电影，一起去照相馆照了订婚照，过年过节穆画匠提酒水来淑娟家串门，两人越处感情越深，等淑娟到了法定年龄就跟穆画匠结了婚。穆画匠拿出这几年攒的钱，盖起周周正正的三间大砖房，跟淑娟一起到队里干活了，农闲时到外地画柜、写墙上的大字，给家里挣点零花钱。淑娟生了一对儿女，都考上了名牌大学。

俗语说得好，守啥人学啥人，要做人上人，就跟人上人。跟着酒徒会喝酒，跟着诗人会吟诗。跟优秀的人在一起，你不想优秀都不成。穆画匠只身来到东北，娶到全村子数一数二美女淑娟当老婆，还不是因穆画匠有手艺能养家，女人跟着他，一辈子不愁吃和穿，能过上好日子，有盼头，淑娟才主动嫁给穆画匠的。

孩子上初中后，我跟他建议，你多找找学习好的孩子玩篮球、踢足球，这样你既可以跟他们一起参加体育锻炼，以此来提高自己身体素质，又可以增加感情，成为好朋友，有机会你不会题啥的，还可以随时向这些同学请教一下，一举多得。世上优秀的人，都是通过刻苦努力而成。人们十分仰慕那些著名的科学家、企业家、经济学家，可是，你知道他们在中学、高中以至大学读书时所付出的心血和劳动吗？那是常人所不具备的，是因为他们在读书期间有了刻苦求学，发愤苦读的忘我境界，才寻到了"那人却在灯火阑珊处"的辉煌业绩，成为科学界、商界、经济界的人才。他们的人生信条是：要做就做最好，要么就不做。

争做最优秀，不怕起点低。明代宋懋澄写道，丈夫无所耻，所耻在无成。优秀的人不以自己起点低而自卑，不以自己受挫而放弃志向，他们矢志不移，不断追求，让自己成为最优秀的人，并且朝着这个目标不懈地去努力，所以他们实现了自己的理想和目标。不想当将军的士兵，不是好士兵，只有敢于梦想去当将军，才能按照将军的标准来严格要求自己。伟大的志向缘于伟大的目标；伟大的目标，缘于点滴的行动。在生活中，我总是这样认为，不要说怎样、怎样好，而要做到怎样、怎样好，要先去做，然后再说，做就不要怕起点低，起步晚。

争做最优秀，要从点滴开始。要一点点来，你是中等生，那么先努力成为优等生，然后再去争第一，慢慢来，不要着急。要首先做好每一科作业，提高每一科的成绩，学习要一点一点学，事情要一件一件办。只有做好了脚下的，才能够去做将来的。不要脚下没做好，就另起炉灶，结果两样都没有做好。只有认认真真做好脚下的每一项，走好每一步，这样将来才能成为优秀的人。万里长城起于一砖一石的累积，广阔江河靠一滴一点的汇聚。量的积累只有达到一定程度，才能有质的飞跃。成为最优秀的人，必然是能够十分克制自己，努力做事的人，能够从点滴做起的人。从点滴做起，不要怕起点低，就怕做得不长久；不怕真本事，就怕假功夫；不怕真才实学，就怕什么也不学；不怕严格要求自己，就怕吊儿郎当，混世魔王。学习一定要向学习好的学生看齐，努力使自己成为最优秀的学生，就得像优秀的人那样去做，陈磊就是这样，刚到三中排名不到班中前十名，可是后来却成为全学年的第一名，做就做最好，使自己成为最优秀的人。

争做最优秀，那是多个第一的累加。最优秀是一点一点累积起来的，只有平时的最优秀，才能到成功时的最优秀。试想一下，一个运动员平时技术差，不可能在奥运赛场上夺得冠军；但是平时最棒的，在每次世界杯上夺冠的人，就有可能夺得奥运会冠军。所以你只有在初中时学习最棒，最优秀，到高中才能最棒，最优秀。你只有在班级里最优秀，才有可能成为全校最优秀的学生。想使自己最优秀,眼下就要比别人多努力、多付出、多勤奋。首先要对自己有信心,能够相信自己会最优秀。你不要认为你现在成绩差点,就放弃争取最优秀。虽然你现在与好学生成绩有差距,但是只要你努力学习,我想赶超他只是个时间问题,过一段时间你肯定会追上他的,并超过他的。记住,没有永久的第一,也没有永远的落后,关键你想不想去当这个第一。要心中有斗志,手上有干劲。学习好的学生,也没什么了不起,只不过他们比你更刻苦、更认真、更努力罢了。只要你痛下决心,从现在开始,努力提高自己的学习能力,全面组织火力,提高学习成绩,世上无难事,只要肯努力,没有做不成的,坚持下来,你就有希望成为第一。

争做最优秀,要脚踏实地。成为最优秀的学生,必须是吃苦耐劳,埋头苦干,努力钻研的学生,只有这样才能取得成功。然而那些爱慕虚荣,哗众取宠,只求表面文章的人,总是去夸夸其谈,结果做起来是一辙不辙。马谡就是这样的人,他说起来条条是道,做起来一道不道,结果失了街亭,被诸葛亮处以严厉军法。泡沫不管鼓到多么大,飘得多么高,总是要破灭的。一个人只有虚下心来,静下心来,埋头做事,才能做好,才能使周围人看到你做事,你做人的实在,才能信任你,才能拥护你,才能最优秀。记住,埋头做事,就离成功不远了,不停步,就会取得更大的进步,你就会成为最优秀的人。

争做最优秀,需要更加辛苦。希望孩子能意识到这一点,去克服学习中的各种困难,把各门功课都学好了,把基础打得更牢固,平时要做到多读、多写、多练、多做、多思考,这样你的学习成绩一定会得到长足的进步。有句名言,不流血,流汗,不算是好汉,一个人想出类拔萃,你凭空想是不行,而是要超过别人几倍的努力,几倍的辛苦来争取。想一想,世界上最优秀的人,都是自己艰苦努力、奋发图强的结果。学生考满分不是说出来的,而是辛勤努力做出来的,做就做最好。学习是自己的事情,不要老师、父母督责,只要有一份信心、耐心、恒心、专心，你就一定能成为优秀的人。

穆画匠，一个逃荒的人，成为当地一位有名的画师。他的成功告诉人们，经过不断的艰辛努力，你也可以成为优秀的人。

做就做最好，乃人生信条。

人生需要进取

8岁的夏天,哥哥领着我上了村里的小学,妈妈用旧毛巾给我缝制了个简易书包,哥哥把他心爱的本子和笔给了我,就这样,我开始了上学。村小学是一个非常破旧的学校,房子都是草苫的,还是土房,教室窗子小小的,阳光很难照进教室,学生用的桌子、凳子全是用泥坯垒成的,到了冬天,坐一节课,腿脚凉得都发木,走不了路,幸好妈妈给我做个鹅毛坐垫。虽然那时学校条件十分艰苦,但是我们依然喜欢上学,喜欢读书。我对上学读书非常在意,从来不无故耽误上课,从小学到中学上学是风雨不误,母亲总是早早起来点火做饭。生活中的苦,我根本不觉得苦。虽然那个年月饭菜就是大碴子和土豆,一个月甚至半年也看不到一点肉星,但是仍然吃得很香,我们兄弟姐妹都很懂事,从来不惹是生非,经常随母亲一起起床,帮着母亲烧火,给母亲当帮手,或者到外面干些零活,喂猪、喂鸡之类的小活。母亲的宽容,使我们感受到了什么是博大,什么是温暖和无私。母亲经常告诉我,做人就要做人上人,不要没有素质,没有境界。我在母亲的鼓励下,用功去读书,用心去读书,力争做一个有理想的青年人。

坚持读书。我读书很困难,能坚持下来除了父母经济上的保障外,我也克服了许多难以想象的困难。我考上中学,离家远,路也不好走。那时,村子里,很多孩子念完小学,家里就不让孩子念书了,而我父亲非常开明，坚决支持我读书，他经常教育我们"一定要念好书，别像你爹我，睁眼瞎。"因为家里穷，我不能住校，天天来回跑，20多里的土路，一个十一二岁的孩子，刮风下雨背个书包在路上疾行，贪黑起早小跑。在那弯弯的山路，基本碰不到人，偶尔还会遇到野狐狸，它一路跟随我，把我吓得直哆嗦，当时我感到了极度的孤独和恐惧。那时，除了交学杂费，一年一分零花钱也没有，我家里实在太穷了，真的拿不出来钱供孩子念书。所以，一个屯子跟我一般大小的十多个孩子，就我一人读了初中。别人家不让孩子读初中也是因为家里困难，拿不出钱来供孩子，孩子上学花钱，等孩子到岁数了，上队里干活还能往家里挣钱。我父亲跟他们算的账不一样，宁可不让孩子回队里挣钱，家里宁可搭钱，也供孩子读书。他说，孩子想走出农村，没有啥法子，就是读书，现在他苦点、累点、家里紧巴点，等孩子考上学就好了。父亲的盼头就是我考上学，端上国家的饭碗。后来我实现了他老人家的愿望，我去乡里上班，父亲很自豪，他的希望也实现了，他的苦没有白熬。有一年，乡里派出所的一个哥们骑所里的三轮摩托拉我回家，我回到家里，父亲特别惊喜，我说，老爹你喜欢坐摩托的话，我陪你，让司机拉你一圈呗。父亲高兴地点头答应了。这样我陪父亲坐三轮摩托去了天增泉烧锅，在市场里给父亲买了一捆旱烟。父亲偷偷跟我说，"早些时候，只有县衙里当大官的才能坐上这样三轮摩托。"我说，"这回你也跟县衙里的官扯平了。"父亲满脸的自豪，因为他儿子让他坐上了一次挎斗摩托。我读初中很不容易，多亏父亲支持，今天想来，父亲的眼光挺远的，他跟屯里其他父亲不一样，义无反顾地支持我读书。我要不读书早就下地干活了，肯定不会拥有现在的工作，没工作也就没有现在的家庭，很多现在的东西都可能不复存在了。其实，我家跟所有的农村人家都一样，甚至，比其他家还穷。我家里的收入全靠养的两头猪和十几只小鸡，猪养大了卖给供销社，鸡下的蛋卖给供销社，那时卖猪、卖鸡蛋也卖不了几个钱，家里换回点零花钱，除了买点油盐酱醋等家里的必须日用品，剩不下啥钱，所以，家里根本没有多余的钱，家里确实没钱供我读书，我能上学读书是父亲硬扛着的。父亲为了挣钱，农闲时，他就编筐编篓，来换家里的零花钱。我读初中时，中午吃的饭都是从家里带来的，每天早饭后，妈妈把大碴粥用水洗几遍，装进铝饭盒里，大碴粥不用水洗的话，中午吃的时候就馊了，不能吃了，再往饭盒里放点早上吃的菜或咸菜，这就是我每天的中午饭。到了秋天，天凉了，我把带的饭，拿到学校食堂热热，别的没有啥太大变化。早上天刚蒙蒙亮，我就出发了，20几里土路，走近道也得走两个来小时，所以每天都要早早出发。有时妈妈饭做晚了，我就带点昨天剩的饭去上学了。后来哥哥到外地上学，把他的旧孔雀牌自行车给我，我上学才方便些。记得那时的路也不像现在这样，全是水泥路，不管雨下得多大，都能骑。那时都是土路，没有沙子的路，下点雨，自行车的车轮和挡泥板就粘上了，骑不动，我长得又小，身体又单薄，车轱辘粘死了，推也推不动，只好扛着，扛一会儿，又扛不动了。中学念了3年的书，我是尝尽了苦头。初中毕业后，我想读高中，就壮着胆子跟父亲说："我还想念书。"父亲说："你要念，就念吧，别看家里穷，再难，我也供着你。"其实那时考上高中的学生，也有许多都是因为家里困难而辍学的，我坚决不放弃读书，也跟父亲争取有关。人别懈怠，一定要去拼，就能取得成功。我读高中时，就住宿了，五六十人住一个屋子，睡上下铺，一张板铺可睡二十几个人，到了冬天，烧炉子的老师傅怕煤烟炝着学生，造成煤烟中毒，夜里经常停火。晚上的洗脸水到了早晨，盆子里的水就冻成冰了，可以想象屋子该是多么冷。好在妈妈给我做了个厚厚的被子和鹅毛垫子，使我度过了寒冷的冬天。高中时吃的多数是土豆汤，大碴子，但就是这样的菜，我也是吃不起的，经常打点饭，就着家里的咸菜吃。每年一到秋天，妈妈就腌一缸又一缸的咸菜，我常常从家里带来咸菜跟同学们一起吃，大家都说我妈腌制的咸菜好吃。我无论在怎样的情况下，都没有放弃读书，从来也没有减弱过读书的兴趣。我总是想办法弄些书来读，来丰富自己，提高自己。困苦中，不懈地去追求学习，这也是一种境界。

做事要坚持。曾国藩为鼓励自己做了《五箴》：一是立志箴。一个人只要一息尚存，就要坚决追求自己所确立的志向；二是居敬箴。学会谦虚，不要有傲气；三是主静箴。专心致志做事，不能让心境纷乱，神定，才能心泰；四是谨言箴。做人不能胡乱说话，言多必失；五是有恒箴。做事有恒，才能成功。他在《五箴》中，首推为"有恒"，可见"持恒"是多么的重要啊。我经常用《五箴》来警醒自己，使自己努力做事，勤于做事，永不懈怠。曾国藩一生经历过各种坎坷，但他都能够神定意蕴，心胸安泰，倔强不屈，凭着"有恒"两字而取得成功。他曾说，德业有进，全靠有恒，谨慎言行，端庄恭肃，身强体健，这样才能使人心悦诚服，这些至理名言，对我们的工作学习都有帮助和益处。

信仰读书。不读书，便无所知；读书，就会天下知。求知，才能达观；达观，才能进取。把追求知识，读好书，作为信仰；把远大追求，作为人生志向，那么你就离成功不远了。王国维说，古今成大事业大学问者，必经三种境界："昨夜西风凋碧树，独上高楼，望尽天涯路"，此第一境界。"衣带渐宽终不悔，为伊消得人憔悴"此为第二境界。"众里寻他千百度，蓦然回首，那人却在，灯火阑珊处"，此为第三境界。指出了做学问，成就事业的三个过程：一是要有远大目标，站得高，看得远，要立大志，干大事，成就大的业绩。二是要努力追求目标，艰难困苦，百折不挠，不气馁、不灰心、不丧失斗志，永不放弃。三是经过努力，自然水到渠成，取得辉煌成绩，实现人生目标。这三个阶段是循序渐进的，必须经过第一第二阶段才能跨越到第三个阶段。成功与失败，关键在第一第二阶段，这里最需要有坚定信念，坚定信心，坚强的意志，不屈的毅力，钢铁的性格，不惧任何艰难险阻，不惧怕任何挫折磨难，不放弃自己追求，百折不挠的努力，才能到达胜利的彼岸。

把握当下。我们不要做语言的巨人，行动的矮人，讲那些激昂的豪言壮语，不如立即去做。把握当下，做好自己的事，走好自己的路。我有一个朋友的孩子在2003年考上了哈工大，这个孩子从中学开始，每天坚持学习到12点钟，父母不强迫他睡觉，他都不休息。使我懂得了"没有付出，就没有杰出"的道理。把握当下，马上行动，抓住今天，不放弃所有的努力，才能不辜负自己的一生。

小时候读书难，却在父母的支持下，经过不放弃读书的努力，我才从农村一步一步地走出来，成为一名国家公务人员。一个人只有成就一番事业，你才能展现人生风采，才能达到一种境界。

点起生命火焰，拥有非凡人生。

做自己的主人

小时候,我最爱吃黏豆包。那时用大黄米面、小黄米面、江米面包制作的豆包特好吃,豆包馅的成分有大豆馅、小豆馅。大黄米面是由种植的糜子打磨的,小黄米面是由黄黏谷打磨的,江米面是由种植的黏稻子打磨的。现在人们吃的冻豆包基本上是由种植的黏大米和黏玉米做的,白色的豆包是大米做成的,黄色的豆包是黏玉米做成的。过去的黄豆包跟现在吃的豆包在口感等方面有很大差别。

小时候,我家里细粮不多,冬天时吃顿蒸豆包,那一定属于大餐了。记得冬天,打完场,家家户户开始排队在生产队的碾坊里面磨黄米面的情形,十冬腊月,天寒地冻,在四面透风的碾坊里,我冻得在屋子里直跺脚,小手在外面停一会儿就受不啦,赶紧把双手插进袖子里,让双手在一起暖乎一下。父亲赶着蒙着眼睛拉磨的大黄马,随着大黄马走圈圈。我看护着磨盘里的黄米,生怕它们被碾压时,蹦出来,掉到地上,于是,我常常用手去划拉磨盘边上的大黄米,使大黄米不溢出磨盘。我和父亲起早贪黑一整天才能磨完大黄米。这麻袋里的大黄米是母亲用水反复掏过的,然后把湿漉漉的大黄米放在火炕上晾干,待微干后装进麻袋,父亲扛到碾坊里面去磨。家家户户到这时候都要磨米,人们管这事叫"淘米"。那个时候,人们见面的问候语,大都是,"你家淘米了吗?"如回答,刚淘完。那个人又会说,"到包豆包时,你喊我呀!"那位便回答道,"好了。"

村里人打招呼都烙上了那个季节的印记。磨好的大黄米面，母亲要用大瓦盆和成面团，然后放到火炕上醒发，之后用铁锅烀豆馅，有红芸豆、红小豆。烀熟的豆馅，放点糖精，然后攥成乒乓球大小。面发好后，母亲打发我到左右邻居家，请来姐姐、姑姑、嫂子们帮我家包豆包。包好的豆包，我往盖帘上摆，摆满了由哥哥拿到屋外去冻，这样一盖帘一盖帘的冻豆包，摆满了我家院墙，待豆包冻透了，再从盖帘上把冻豆包打下来，装进事先准备出来的大缸里面，吃的时候拿出来蒸熟，就可以了。屋里一大群男男女女都在包豆包，人们说说笑笑，好不热闹。如果忙到晚上了，母亲就会蒸一锅新包出来的豆包，给大家吃。我也会沾上光，蘸上白糖，又甜又香的黏豆包就落进了我的口里。

　　小时候，我最喜欢豆包的吃法是用炕火盆烧豆包，母亲每天早晨做完饭，都会把红彤彤的木炭，用铁铲子从灶膛里面撮到炕上的火盆里。等我出去玩耍累了的时候，跑回家，到仓房里面装豆包的大缸里，拿出来三四个豆包埋在火盆里，一会儿的工夫，那外面糊糊的冻豆包就烤好了，放到嘴里一咬脆香香，甜滋滋的，真好吃！我记得拿着豆包啃着吃，边吃边跑着，母亲喊了一声，"忙啥的，吃完再跑呗，别噎着。"有时母亲知道我作业没完成，就加一句"别忘了，你作业还没写呢吧，你是学生，可别贪玩了。"今天想来，是啊，我是学生，我要有学生的样子，可不能对不住"学生"这两个字啊。

　　不能太贪玩。学生不学习，你就背离了学生的使命，你到学校来干吗来了，不就来学习了吗。所以，你就要下定决心，把学习搞好了，要以专注的神态，平静的心境，全心全意地学习。

　　要品德向善。要通过学习，来提高自己的能力，认知，品德，处事能力，修身素质，修养素质，心理素质等综合素质。未来是有素质、有能力的人的未来，青年人要想有个好前程、好未来就一定先从提升自己的素质开始，素质和能力都是一点一点积累起来的。

　　培养好习惯。养成良好的学习生活习惯，是一个人成功与否的关键。好的习惯，可以造就人才；坏的习惯，可以毁灭人才。习惯，对人的成功与否，有巨大的影响，凡是成功者都十分注重自己的习惯，思想决定行为，行为决定习惯，习惯决定性格，性格决定命运。

要有想象力。只有想象力，才有创造力，青年时候必须注重培养自己想象力，这样才能在未来事业中大显身手。

我小时候有很多舌尖上的故事，都包含淳朴和温馨的情怀，黏豆包的故事，是那时代人的最美经历。小时候，想看书却找不到书，那时的学生没有课外读物，也没有多少家庭作业，就是跟同龄的孩子玩耍。母亲喊我"学生"，我得对住这两个字的分量，做自己的主人，一心向学，积极向上，为学而生，为生而战。否则，一个在学校里读书学习的人，不去用功学习，那就本末倒置，贻误青春。

做自己的主人，让自己说了算。

认真对待学习

记得有一次，我向一位高中老师请教如何能够学好英语，我问："学英语有什么诀窍吗？"他回我说："主要靠学生自己学，"接下来他又补充道，"多背、多念、多做、多总结、多思考，学生要是不学，你是啥招也没有。"其实无论是学习，还是其他事情，主要还是靠自己来完成，别人帮助你，只是起到协助的作用，主观不努力，别人咋使劲也白扯，所以高中老师跟我说，学习英语的办法，主要靠自己，我是比较认同的。这话他说到了点子上了。老师教固然重要，但是更主要还是靠学生自己学习，自觉学习，这是把学习搞好的前提和保证。没有学生主动学，内因不起作用，老师、家长这个外因是干着急，使不上劲。

所以当你厌学的时候；当你在学习中遇到困难的时候；当你对学习不感兴趣的时候；当你的学习成绩下降的时候；当你过分依赖老师而得不到帮助的时候，这时候你就容易产生放弃学习的想法。学习真没劲，自己不愿意学习，这时你该怎样办呢？我告诉你，要找回自己的学习信心，找回学习的兴趣，就必须找到正确的学习方法，坚定自己的学习目标，端正学习心态。由被动变为主动，由别人督促学，变自己克服困难主动学，变压力为动力，变消极为积极。靠自己学习，靠自己努力，没有不成功的。

对待学习要端正思想。坏的思想来源于不良的想法，不良的心态。记住，学习是一个人成功的必由之路，没有捷径可走，只有通过学习的阶梯，才能实现人生目标。你没有其他路可选择，这条路无论你愿不愿走，也都必须走。走得好的人，人生就会光辉灿烂；自己不努力，成功就会离你而去。不把学习坚持下来，没有良好的学习基础，享受不到正规的大学教育，你今后事业的发展就会受到影响。所以说，学习不是别人督促的问题，愿不愿意学的问题，而是一个人必须去认真对待的问题，一定要努力的事情。像我这个年龄想考大学可能吗？真是"黑发不知勤学早，白发方悔读书迟"，哪个好单位在录用人才时，不都是争着抢着要211院校和985院校的，所以学习是你自己的事情，无论在什么样的情况下，不灰心，不放弃，咬紧牙，挺过去。

　　对待学习，不要泄劲。你看美国职业篮球赛，虽然，在快要结束的第4节，差很多比分，但是，他们也不言放弃。即使到了最后几分钟，甚至在最后的几秒钟，他们也绝不会放弃，这就是篮球的魅力所在。有时候，在他们的顽强拼杀下，就可能追平，并且扭转局面，转败为胜。在双方激战下，篮球赛往往不是技术最好的球队胜了，而是心态最好的球队赢了。学习，也有个心态问题，学习紧张，压力大，越是感觉到了自己的压力，就越要挺得住，别说你小小年纪，想放弃学习，就是到了我这般年龄，也不敢放弃学习，你想超过人家，那么你就必须暗下决心，做出比别人多吃苦的准备，你才能比别人拥有更多的知识，更多的才能。拥有实实在在的真功夫，才能有资格取胜，不然，你凭什么超过别人。

　　对待学习，永远勤奋。学习如磨刀一样，刀磨得越快，也就越锋利。人越勤奋，学习也就越有兴趣，成绩也就越好，老师和同学们也就越来越敬重你，这时你的潜力才得到真正开发，你就会感到学习原来是件很容易的事情。反之，你越厌学，越不专心，你的成绩也就滑下来了，学习也就没有兴趣，这个样子很难得到老师和同学的认可。学习是自己的事情，要靠自己努力，而且学习出色的人，那都是血拼而成，不流汗，不流泪，哪有光荣榜成绩单的前几位。学习必须自己暗下决心，下狠功夫，下死功夫，提高对功课的兴趣，提高学习的能力。一个人真正输的不是学习，而是输在了如何对待学习，输在了心态，输在了你心里的厌学，输在了你心里的潜意识。你不想把学习搞好，所以你肯定学不好，你不想让它好，它能好吗，说白了，你对手机功能都能研究透，初高中文化课要比手机功能差多了，可是一谈手机功能，你整得清清楚楚；要是一谈学习，你刹那间脑袋筋都绷了起来，"我可整不明白。"其实你并不比别人差，只要你努力，你肯下功夫，你肯定能同别人一样，成为成绩优秀的学生，成为老师同学瞩目的学生。

对待学习，拥有热情。全身心投入到学习中去，心无旁骛，有了兴趣，就会有热情，有了热情，学习不再是一种负担，而是一件有意义的事情，很轻松的事情。比如你小时候玩四驱车，你喜欢，就有兴趣，会有很多种的玩法，不管玩到多长时间你也不感到厌倦，你会在很短时间内，掌握车的原理，最后达到拆装自如的程度，有时还能玩出点新花样。对待学习也是这样，你对各门功课都喜欢，就会感兴趣，这样你就会很快学进去，越学越有趣，越学越认真，越学越专心，越学越爱学，越学越进步，越学成绩提高得越快，这样就步入了良好的学习状态。

对待学习，不怕跌跤。就像你刚学骑自行车一样，开始不会骑，也骑不好，可是只要你有股子不服输的劲，整天去摆弄，一有空就骑，不长时间，不但会骑自行车了，而且还十分喜欢骑自行车。学习也一样，刚接触时感到很难，只要你有一股牛劲，有一个天不怕，地不怕，不搞明白，不罢休的劲头，我相信你，无论在学习上，遇到什么样的困难，都能克服的。

对待学习，不能偏科。一个真正学习好的学生，不是一门两门课程突出，而是门门功课都优秀，所以，你不要喜欢这门功课，不喜欢那门功课。即使自己不喜欢，也要强迫自己学进去，因为偏科就会直接影响到你考到更好的大学，有很多参加高考的学生，就是因为偏科而没有考上理想的大学，无论你其他科多么优秀，只要你偏了科，那么考大学是很难考出理想成绩的，这是年年参加高考，那些偏科学生最后悔的一件事情。木桶盛水的多少，不取决于最高的那根，而是最短的那根。偏科就是这个道理，最影响考试成绩。其实所谓偏科，就是你的偏见，或者说你的偏心，你看得少，读得少，做得少，怎能不偏科。其实无论哪一门功课，真的没有什么奥妙，只要你用心去学，每门功课都能找到有兴趣的一面，找到你喜欢的地方。只要你用功去做，没有学不会的功课。

高中老师送走一届又一届孩子，他教了十多年的书，不单单是英语，要多背、多念、多做、多总结、多思考，我看其他学科也应该持这种态度。学习嘛，就要像个样子，就要下真功夫。

学习靠自己，成功靠勤奋。

常怀一颗赤子心

你爷爷小的时候，几岁就给地主家打长工。日本侵略了中国东北，他又被抓去修工事，九死一生回到家，他不但备受日本侵略者欺凌和压迫，而且还失去了做人的尊严。新中国成立后，他才翻身当家做了主人，从此不再受奴役和剥削了，过上了好日子。他告诉我们，一定要感谢党，感谢那些为创建新中国牺牲的英雄们。他说，一个人必须爱国，没国哪有家。他教育我们，一定要热爱自己的国家，要把报效国家当作人生最大的志向。你爷爷没读过书，因为他是从旧中国走过来的，目睹了新中国的变化和发展，他才会从普通百姓的角度，带着那朴素的感情说出心里话，只有共产党才能救中国，只有跟着中国共产党走才有希望。所以，当我记事时候开始，就对国旗、国歌、天安门产生了别样的情怀，认为它们就代表着我的祖国。

五千年的中华文明史，铸就了中国灿烂辉煌的人类文明史，也造就了英勇的民族。爱国诗人屈原为了保住楚大夫的民族气节，而投身汨罗江，岳飞为收复失地，而书写了气壮山河的诗篇《满江红》，林则徐"虎门销烟"，让我们看到了民族的气节，民族的希望。一个不甘于外来欺侮的民族，一个敢于建设世界上最强大、最美丽的民族。

在这块960万平方公里的土地上，不仅有如画的锦绣河山，而且有丰富的人类文明遗产。北国的粮仓，桂林的山水，九寨沟的风光，秀美的黄山，乌镇的老屋，祖国有着数不清的自然风光、人文景观，吸引着全世界人们的目光。文化遗产在我国就有泰山、长城、故宫、兵马俑等，数不胜数，它们吸引着世界各地的人们到中国来旅游度假。从珠峰雪域高原到碧波荡漾的海南岛，从香格里拉的藏羚羊到内蒙古草原上飞驰的骏马，从大兴安岭茂密的原始森林到西部戈壁滩上的油田，祖国大地美如画，有各种宝藏。马可·波罗在《马可·波罗游记》中，描述了一个梦幻般富庶的古老东方，使西方人纷纷涌向中国。

中国天眼、北斗卫星、神舟飞船、嫦娥探月、量子卫星、天宫实验室、大型客机等，中国科技发展已经领先世界；一座座现代化城市拔地而起，高速公路、穿越大山的高铁、高原输电网等纵横交织。昨日的沙滩今日变成了茂盛的草原；昨日的荒漠今日已是黑油油的油城；昨日渺无人烟的荒地今日高楼林立；长江三峡发电，西气东送工程，两弹一星等。人民生活水平一天比一天好，国家一天一天强起来。东方雄狮已醒，改革开放40多年来，中国取得了惊天动地的变化，中国人民站起来、富起来、强起来。

中国积贫积弱，任人宰割的年代已一去不复返了，落后就要挨打，强大才有世界舞台。青年人要勤奋学习，天天向上，建设祖国，报效祖国，敢于担当，你们是新世纪的真正主人，你们必须承担起建设现代强国和民族复兴的重任。你们一定要有真本事，掌握真本领，用自己勤劳的双手，把祖国建设得更强大，更富强，更辉煌。

你爷爷生在封建社会，背负着旧社会的三座大山，在共产党的领导下，中国人民通过艰苦卓绝的斗争，搬走了这三座大山。我和你们才能享受到今天的幸福生活，要感党恩，跟党走，努力学习，为建设美丽、富强、文明的现代化强国贡献自己的力量。

有国才有家，有梦才会圆。

培养良好习惯

　　父亲有个热爱劳动的好习惯。每到春秋，父亲的双手和双脚都要皲裂开一道又一道深深的口子，常常往外淌血。因为手掌上的口子长时间不愈合，父亲竟然让我用家里缝衣服的钢针，给他缝手上的皲裂缝。我将针穿好线，开始给父亲缝皲裂的大口子。由于茧子太厚，我手捏钢针，扎了半天也没扎进去，后来，只好找来顶针，这样总算把针穿过去，有时我一不小心碰到口子上，痛得父亲的手直哆嗦，我是心疼父亲，我给父亲一针一针地缝口子，随着一针一针扎下去，我的心也一针一针疼着，我缝完这个大口子，再缝那个大口子，大口子都缝合完了，然后涂抹上些蛤蜊油，等过段时间父亲皲裂的口子才能愈合上。父亲的手弯得如下弦月，没有一个手指头能伸直，关节变得粗粗的，就像拨浪鼓，他的手背就像裂开的老榆树皮，一条条青筋鼓胀着。而父亲的脚掌却结着一层又一层厚皮，厚得如铁板一样。每逢父亲洗脚总要泡很长一段时间，等茧子泡软了，我用小刀，给他一点点刮老茧子。

　　有一次，我跟父亲上山割笤条编筐，出屯子了，父亲前后瞅瞅没人注意他，就把自己的布鞋脱了下来，别在腰间的布袋上了。我说："爹你咋不穿鞋啊？"父亲说："你没看我脚底的茧子比鞋都耐磨嘛，脚磨坏了，过几天就长上了，鞋坏了，你妈还得起早贪黑地做。"（其实他是舍不得买做鞋布的钱）我怎么劝也没有用，父亲前面大步走着，我紧跟在后面，我们割完筲条往回返，父亲不小心踩到了倒伏的一棵老椚眼树上，脚掌上扎满了一根一根的小刺，父亲坐在地上，我慢慢地给他拔刺，每个小刺都带着血丝，尽管我找得很仔细，可我一看父亲的脚，还是肿得很大，这回让父亲穿鞋，脚却穿不进鞋里面去了，父亲只好光着脚走。我瞧着父亲被血染红了的脚，心里很不是滋味，他养活这一大家子人真的太不容易了。等到家了，我一瞧父亲那双脚全是血，这就是吃苦耐劳，克勤克俭的老父亲。父亲真正穿上鞋子大概是20世纪80年代后期了，那时家里条件好了，他才能全年穿上鞋了。父亲常常挂在嘴边的一句话就是，"没关系，我的脚费鞋，十天半月就是一双新鞋。"他一天干那么多的活，走那么多的路，怎能不费鞋。父亲舍不得花钱做新鞋，可他却从来不让我们光着脚走路。从我记事起，我总是新鞋换着旧鞋穿，他说小孩子脚嫩，会被石头硌坏的。难道他自己的脚就不怕石子硌，草棍扎吗？父亲的习惯是劳动。而现在学生的习惯是啥，恐怕大家会异口同声地说，学生的习惯是玩手机。学生必须以学习为主，所以，学习应该成为学生的主题和核心，学习应该是学生的最大习惯，最好把学习变成自己一辈子习惯，那你的生活，就不会寂寞，你的事业就会红火。

　　著名青少年问题研究专家孙云晓说，习惯是一个人存放在大脑神经系统的资本，养成好习惯，就是一辈子享受不尽的利息，坏习惯则是一生都偿还不完的债务。试想，如果有一个学生，天天总迟到，老师和学生如何看他，对这样的人谁都不会有好印象。我们一生都在培养好的习惯，纠正坏的习惯，培养好习惯用加法，改正坏的习惯用减法。播种思想，收获行动；播种行动，收获习惯；播种习惯，收获性格；播种性格，收获命运。好的习惯就会调整人生的正确航向，使成功变为捷径。

　　培养读书习惯。孩子喜欢读书，他的阅读能力一定很强。其实，人一生获取的知识不是依靠老师教的那点东西，主要靠自己的阅读，所以，养成一个良好的读书习惯，对人的成才十分关键。刘卫华培养教育出来个哈佛女孩刘亦婷，她说，养成遵守约定的习惯，学会自我管理；养成专注敏捷的习惯，学会高效思维；养成独立思考的习惯，学会理性判断；养成主动求学习惯，学会规划人生；养成定期反省的习惯，学会自我促进。习惯使刘亦婷发挥了主观能动性，调动了她的积极性，培养了她各方面的自觉性，从而使她脱颖而出，成为出色的大学生。一个孩子做事情有认真的习惯，他的自控能力就很强；一个孩子习惯于遵守时间，他早上就不会懒在床上；一个孩子使用文明用语，他就会有修养、有礼貌；一个孩子有感恩之心，他就懂得关心父母，理解父母；一个孩子有正确的心态，他就能正确处理人际关系；一个孩子具有自我约束力，他平时就能够严格要求自己，规范自己。

要让孩子养成体育锻炼的习惯。体育锻炼，不仅可以提高孩子身体素质，还可以改变孩子心理素质。十四五岁正是孩子的青春期，正处在生长发育的关键阶段，可塑性非常大，培养孩子良好的习惯非常重要。我经常催促孩子早晨起来同我一起跑步，这样不但解决了孩子早晨睡懒觉的问题，而且孩子身体得到锻炼，提高了孩子的抗挫能力，培养了孩子学习的意志。

培养劳动习惯。孩子上初中了，就让他自己收拾床铺，自己洗衣服，主动帮助大人干家务，要让他知道自己是家庭中的一员，要像父母一样负责任，自己事自己干，不要在那里坐享其成。

培养安全习惯。自己在家不要给生人开门，走路不要闯红灯，不要同机动车抢道，不要单独见网友，使用家里的煤气，要注意关好阀门。出门时，要检查用电用水设备是否关闭。

养成良好习惯会受益一辈子。不仅仅是事业发展上，生活上、学习上都要有好习惯。培养孩子的良好习惯，家长应该负第一位责任；培养孩子良好习惯，要有耐心和信心。让孩子一点一点改掉坏习惯，家长要做好榜样，你想让孩子提高自学能力，那么你必须培养自己的学习兴趣，少应酬，少抽一包烟，少看电视剧，少喝一点酒，少打麻将，多陪孩子学习，多鼓励孩子学习，多陪孩子运动，多帮孩子解决问题。想培养孩子阅读的习惯，就购买一些有利于孩子成长的书籍，同孩子一起阅读；要培养孩子的创新能力，就亲自动手，利用生活日常用品同孩子一起搞一些创造发明；想培养孩子文明礼貌的习惯，父母就要在待人接物方面，教会孩子遵守人际交往的规则，让孩子知道什么可以做，什么不可以做；想让孩子树立学习信心，就要培养孩子树立远大目标，培养孩子的学习兴趣。通过各种方式来培养孩子良好的习惯，培养孩子积极向上，挑战困难，团结协作的习惯，这样的孩子一定会有作为，如果一味让孩子"吃独食""我行我素"，动不动就同家长发脾气，耍性子，一些不合理的要求，不答应他，他就闹就哭，早晨父母一遍一遍催着起床，他就赖在床上不动，父母就没辙，他看起电视来没完没了，玩手机经常到半夜，做父母的不敢说，他遇到一点小事就承受不了，如果孩子养成这样的坏习惯，就会导致孩子心理畸形发育，心理不正常，这样的孩子很难形成正常性格，很容易思想偏激，这样的孩子可能会出问题。父母要对孩子的坏习惯早发现，早克服，早改正。

  习惯就像一个人闯进了图书馆，你不想看书都很难做到，因为人人都在那里阅读；又像一个人去了饭馆，即使你没有饥饿感，你也想吃饭。孙云晓说，我觉得当你面对叛逆的孩子时，不要过分关注孩子的想法，该用你潜移默化的行为影响孩子，我在北京图书大厦，每到双休日，能够看到父母带着孩子在那里看书，一看就是小半天，养成好的读书习惯，能够使一个人一辈子都不寂寞，没有好的读书习惯，这个人一辈子都会不知所措。

  父亲的习惯是热爱劳动，我的习惯是勤奋学习。一个人拥有良好的习惯，关乎他的进步与发展，未来与前途。好习惯是取之不尽，用之不竭的宝藏。

  习惯不好，大器难成。

好心态好人生

小时候，我在野外割了两三个星期的柴火，竟然被人偷偷摸摸地用车给拉跑了，我的劲白费了，力也白出了。我心里很难过，恨死那个小偷小摸的人了。记得，那年秋高气爽，我放学回到家，赶紧把镰刀磨得很锋利，去野地里砍柴，每天都干到天黑透了才回家，累得我腰都直不起来，你说被别人给偷走了，我能不生气吗。

父亲劝我说："丢了，就丢了吧，你心疼也没用。你丢了几捆柴火，损失不大；相反，偷你柴火的人，却丢了人格，丢了道德，他损失比你大。小时爱占便宜，倘若他养成偷偷摸摸的坏习惯，长大了不是强盗就是好吃懒做的人。古时有个故事讲，小时偷针，长大偷牛，你说他损失大不大。"父亲说的有道理，我只不过丢几捆柴火而已，偷柴火的人却丢了人、丢了脸，为他的人生轨迹埋下了一枚定时炸弹。本来我心情不好，让父亲这一说，我却释然了，心态积极，啥都是正能量。

心态压抑，学习有阻力。一个人有健康的心态，比知识和能力更重要。现在孩子大多数都是独生子女，大家普遍感到教育难，难就难在他们经受的挫折少，生在蜜罐里，长在甜水里，父母是百般疼爱，万般宠爱，集于孩子一身。父母这一代吃苦吃怕了，他们是想尽办法，用尽力量，使尽招数，给孩子创造条件。为了孩子把所有的家务活全揽在自己身上，就是不让孩子干，所以现在孩子是太娇惯了，吃不得一点苦，受不得一点委屈，承受不了一点压力。一旦有点挫折，孩子就受不了，导致孩子不愿意学习，不喜欢学习。一个人只有良好的心态，才能带来积极的思想；有了向上的心态，才能有坚定的信心和无穷的斗志，才能克服各种困难，才能劈风斩浪，勇往直前。现在不光孩子心态有问题，而且大人心态也有问题。父母对孩子期望太高，不是考上名牌大学，就是升官发财，这不现实。对孩子提出不切实际的要求，也属于心态问题，必须纠正，拔苗助长，就会事与愿违。教育孩子摆正心态，首先父母要摆正心态，只要孩子正常学习，父母不要乱加"花点"，乱上各种特长班，强孩子所难，弄得孩子筋疲力尽，一点玩耍的时间都没有，失去他们这个年龄应有的快乐，也失去了应有的学习兴趣，压得孩子喘不过气来。

　　心态好，学习就主动。学习比较好的孩子，往往心态也比较好。他们能够正确对待名次、作业、苦闷、烦躁，甚至生活的困苦、疾病等。他们会很好地处理与老师、同学关系，与周围人关系融洽，为人豁达大度，勤奋好学，意志坚定，性格稳重，善待他人。他们不仅笑对生活、笑对学习，而且还能够笑对社会、笑对人生，不悲观、不失望、不怨天尤人，具有一定的责任感，能够积极向上，做事乐观主动，这样的孩子学习就好。

　　心态好，人就快乐。有一位老婆婆有两个女儿，一位买伞，一位买鞋，老婆婆晴天为卖伞的大女儿发愁，而雨天又为卖鞋小女儿担忧，后来老婆婆转变了心态，雨天为大女儿高兴，晴天为小女儿高兴，可见，心态一转变，结果就大相径庭，老婆婆天天开心高兴。人在现实生活中离不开挫折，离不开困惑，离不开烦躁，比如有做不完的作业，让你发愁；父母老师的督促，让你烦透；一个又一个考试，让你怨恨透顶……总之整天不是吃饭，就是学习，单调乏味，可是，你为什么不像老婆婆那样，从另一个角度去想想，知识像天上掉馅饼那么容易，地上所有的人，不都成为科学家了。没有耕耘，哪有收获；没有付出，哪有杰出成就。你们年富力强，正值学习的大好时期，要珍惜光阴，发奋图强，青年人，你们正处在如花似玉的大好季节，不去掘取知识宝藏，等待何时，正是老师父母的督责，你们才不敢懈怠，而把学习坚持下来。正是你自己的刻苦勤学，学习成绩一次又一次被刷新；正是一个接一个的考试，检验了你的学习效果，使你找出了差距，增强了信心，不断学习，不断进步，那不正是把自己磨得更锋利，更出色。只有这样，你才能所向披靡。

心态好，学习就轻松。天雷同志在《多大个事啊》一文中写道，谁都有过活着不易，生存真难的感受，这很正常，人都有惰性嘛！针对于此，有人说，太累了，我总认为，这种人太没有出息了，他们貌似饱经沧桑，实际上是经受不住世事多变，心情的变幻，一句话，太累了？代表着其灵魂承受的极限，暗示着他对生活的恐惧。一句话，"多大个事啊"，大有禅机，大有哲理，仅仅一句话，让你把所有的压力、烦恼、忧愁等，全都释放了。有的孩子只要功课稍稍多一点，他就愁得不得了，唉声叹气，就累得不行了。今后，我告诉你一个减压的方法：无论功课有多么多，无论你有多么累，即使你已经难以承受了，那么，你也要对自己说，"多大个事啊"，压力一下子就全部释放了。你试试看，保证有效。

心态好，事业就成功。王选"我要成功，我一定要成功"的积极心态，使他成为"中国汉字激光照排版之父"。他看到英文自由排版，就萌发了实现汉字的激光照排，淘汰铅字，使中国印刷技术步入现代化。他的实验一次又一次失败，而关键时刻在1975年底，他又病倒了，可是，"我要成功，我一定要成功"，使他克服了千难万险，终于研制成功了汉字激光照排系统，结束了汉字铅与火的时代。他被誉为"当代活毕昇"，支撑他的信念，就是一个永不动摇的，我要为国家发明的目标。

我丢了几捆柴火，父亲教我学会了宽容，不去计较得失，学会担事容人，对于一个孩子是多么宝贵的家训啊！一个大字不识的父亲做到了，用他的言行影响了孩子的一生。一个人有了积极的心态，他就会正确对待挫折和失败，正确对待理想和现实，正确对待命运的乖蹇，在遇到挫折的时候，他就会充满希望、充满信心、充满斗志，他就会迎难而上。在任何情况下，都会把不愉快的心情丢到脑后去，以积极的人生态度，过好每一天。人能改变心态，就能改变自己的人生。

心态决定性格，性格决定人生。

提升孩子素质

我初中时候,老师组织召开了一次关于"如何提升学生素质"的讨论会。问我们,你们这些初中生应该具备怎样的素质,不但自己要提出来题目,而且还得说出选题的理由。有的学生答,学习一定要优秀。理由是学生就是来学习的,必须学习好,学习不好就没素质。有的同学说,思想品德好,理由是单单学习好不行,也得有好品德,有的同学学习是不错,可是不讲文明,也就没素质;还有的同学说,热爱体育运动,理由是身体不行,整天有病,仅仅学习好也不行,身体不好不算有素质。同学们纷纷发言,各自说出各自的主张和道理。老师表扬了那些积极发言的同学。他说,大家说的都对,如何提升中学生的素质,这个内涵很宽泛,具体可以概述为,思想品德要好,理想信念要坚定,学习成绩要优秀,还要热爱生活,热爱劳动,关心学校,遵纪守法,积极参加学校各项活动,德智体美劳全面发展等,这些都属于素质的范畴。老师说,中学生是一个人最重要的时期,也是一个人素质培养形成期,一个人形成什么的素质将来你就会成为具有什么样素质的人。中学生应该是品学兼优,胸怀远大,严于自律,热爱生活,敢于创新,不断进步等,具备这样素质的人,走向社会,他才能融入社会,适应社会,实现自己的人生目标。

人格要有尊严。自尊者人敬之,自爱者人亲之。行为敦厚,品德友善，志存高远，人要有志气，有志向，开拓进取，不随波逐流，才有所作为，有主见，有追求，不盲从，谦虚谨慎，不傲慢粗俗，不夜郎自大，不傲慢无礼，不自恃清高。懂得自尊自爱，不作践自己。

行为能够自律。行为只有自律，才能实现他律，严格要求自己，遵规守纪，牢记慎独，不为所欲为，中规中矩，见贤思齐，头脑清醒，知错就改。

学习能够自主。学习上只有自己努力，才会进步，别人是外在因素。勤奋学习，乐思善问，学问学问，要学要问。

生活能够自理。生活是自己的生活，只有自己打点自己的生活，才能最现实、最可行、最靠得住、最靠谱。要朴素节俭，不铺张浪费，衣服够穿就行，穿不穿品牌衣服没啥意义。不贪图安逸，不养尊处优，不任性。

心理上要自强。没有自强自立精神的孩子是不会有出息的。要心胸坦荡，不斤斤计较，不患得患失。要相信自己，不妄自菲薄，不要看不起自己，自暴自弃，自轻自贱，要承受挫折，不消极颓丧。

家长给孩子立点规矩，定点框子，让孩子在规矩下长大成人，这样的孩子，才会养成良好的学习生活习惯，做一个有思想、有品德、有文明、有素质的受人喜欢的孩子。

素质决定性格，性格影响人生。

宽严有度管孩子

父亲的教育我们从来不是霹雳闪电，他先告诉你理由，然后告诉你不能做什么，能做什么。父亲说，秋天冷风一刮，你就会不由自主要添衣服；春天暖暖的阳光一个劲地照你，你就会赶紧把外套脱掉。教育孩子也一样，教育方式不同，起到的作用就不一样，你用秋风的办法教育孩子，孩子就会戒备你；你用春天阳光的方式教育孩子，孩子就会主动接受你。我的孩子上了初中，管孩子真难，跟父亲学，学不来，管的对象变了。父亲管我，我知道那时候生活的苦，父亲说啥，我都听；我管的孩子，啥苦也没经历过，咋管，咋管也不听，还不能由着孩子性子，去散养他吧。看看有关教育孩子的书籍，我感觉，宽严有度管孩子这个法子很好，说实在的，过分管教、过分溺爱、过分严厉、过分温和、过分娇惯、过分百依百顺都是错误的，管孩子真的要讲究方法，要做到宽严有度。

宽严有度。就是什么时候要管，什么时候该管，什么时候模糊管，都要掌握好火候。原则问题，如坏习惯，抽烟、喝酒、打仗等较大的问题，家长绝不能让步，而对那些鸡毛蒜皮的小事情，不要斤斤计较，过于苛求孩子，对孩子管得太严就是越位，孩子大错小错不要一样管，要分清主次。大毛病、大错误必须严管严罚。孩子终究是孩子，平时有点小毛病很正常，管孩子要有尺度。

教管同步。就是教给孩子本领同管理孩子结合起来，家长教育孩子，要有的放矢，针对性要强，要一事一个管法，对症下药，一把钥匙开一把锁，多教孩子做人、做事、做学问和长本领的道理，注重培养孩子日常良好德行，让孩子自觉地管理自己。

说做齐用。就是家长用语言教育孩子并以身作则。俗话说，身教重于言教。家长在孩子面前要有好形象、好语言、好行动，这样才能督促孩子把学习搞好，而你整天打麻将，喝大酒根本不管教孩子，孩子在你身边能好吗，你让孩子品德好，而你却满嘴脏话，唯利是图，坑蒙拐骗。所以说家长想让孩子做到的，自己要先做到；要让孩子受教育，自己先提高；孩子高标准，自己就要严要求；让孩子有大志向，自己就要有上进心；让孩子学有榜样，自己就要有标尺，这样孩子才能服气。

恩威并施。就是家长在孩子取得成绩时，要恰当鼓励和表扬孩子，当孩子有了坏毛病，也要严厉批评教育，带有趋向性的毛病，必须严管，要施之家长之威严。管孩子要注意场合，在外人跟前，尽量不要管孩子，孩子也有自尊心，管孩子要注意方法，要多表扬孩子，少批评；多精神鼓励，少物质给予，批评和鼓励要适度，大成绩要大表扬，小成绩也要给予适当的鼓励。

父亲一席话，开悟一个人。父亲用他一生的经验告诉我们，教育孩子要有方法，尽管十分简单，对于我却是一辈子受用。立身以德，行事以诚。小事看人品，大事看风格。我的老父亲，一个大字不识的人，我真为你骄傲。

素质教育当先，挫折教育不缺。

第三辑

一定要拼

给自己加油

大家都说《加油，金顺！》这部韩国电视连续剧很励志，于是，我断断续续地看了几集，很过瘾。这部电视剧讲述了刚结婚的顺子，由于丈夫车祸死了，顺子受到当地人的歧视，找工作十分困难，常常遭到别人的白眼和无端的讽刺，但是，无论多么大的困难，她始终也没有放弃找一份适合自己工作的目标，她不断给自己加油，鼓励自己。最终顺子找到了满意的工作，后来邻居重新认识了顺子，为她竖起大拇指。在电视剧里，我们看到顺子一遇到挫折和困难时，她就举起手来，为自己加油，于是，她的周身就充满了力量，去战胜一个又一个来袭的苦难，终于走出了失去丈夫，被人歧视的阴霾，获得了别人的帮助和认可。人们总是为自己不期而遇的意外烦恼而迷茫，甚至想放弃正常的工作和生活，认为自己糟透了，没了出路，已入绝境，不经一份风霜苦，哪得梅花放清香，世界上没有人一生一帆风顺，不遇到任何挫折和苦难的。一个人遭到别人无端的打击，生意失利，升职落空，遭遇失恋，受到父母和老师的批评，考试没考好等，风雨总在阳光后，走过泥泞的路，才能到达光明的大道，只有敢于面对任何来自外界的磨难，才能在痛苦和挫折中变得坚强，变得成熟，所以，每当你遇到挫折和苦难时，学一学顺子，为自己加油鼓劲，也一定会走出那死气沉沉的日子。

我接受一位文友的推荐，买了一本罗德·布雷登著的《干得好，格兰特》，同韩剧《加油，金顺！》一样让我很感动，让我信心倍增。当我读完《干得好，格兰特》的时候，被格兰特的自信所感动，正是由于他的出现，而改写了美国历史，改变了南北战争的结果，为美国的统一做出了巨大贡献。《出版家周刊》说，格兰特一生为美国做出了两大贡献：一次是在战场上，他结束了美国内战；一次在商业上，他的精神培育了美国数以万计的知识精英。《时代》说，每个人身上都具备格兰特的特点：敏锐、大胆、主动、好学。每个人都可以像格兰特一样名垂青史。学生学习也好，员工工作也罢，商人经营也好，军人出征也罢，社会上各行各业的人都要学一学格兰特，学习他具有战略的眼光，宽广的胸怀，运筹帷幄的思想，战无不胜的意志，统御千军的能力，创造性地运用所学知识，较强的综合分析和判断能力，这样才能驾驭自己的学业、工作等，这样才能跨越惊涛骇浪，成功到达彼岸。

　　格兰特的事迹和精神感动了作家罗德·布雷登，使他用了很短的时间就完成了畅销50年的，全球销量突破1000万册的《干得好，格兰特》这本书。正是格兰特不惧危险，敢于创新，才扭转了盟军的命运。格兰特一战成名，乘胜而上，统一了美国，结束了南北战争，他后来成为美国总统。从一个普通士兵到将军，再到总统，格兰特成为那个时代最亮丽、最耀眼的明星。格兰特为什么同别人不一样，就是因为他懂得，把事情干得最好，你就有机会成为最成功的人。

　　格兰特的成功告诉我们：一定要勇敢，无论面对多么危险的境遇，都不要害怕，都不要悲观，要振奋士气，鼓舞人心。格兰特的成功启示我们：要敢于创新，不抱残守旧。不能像格兰特上级指挥官那样，墨守成规，不敢越雷池半步。要善于捕捉良机，敢于亮剑。格兰特能突破重围，沿密西西比河，将目标锁定亨利要塞，并在盟军最困难时，在节节败退中，在敌人数倍于盟军时，格兰特打了一个大胜仗，振奋了精神，鼓舞了斗志。所以，美国总统林肯接到来自格兰特的捷报时，当时林肯只说了一句话，"干得好，格兰特！"

这一战，改变了美国历史。格兰特的成功教育我们：要意志坚定，敢于负责，不要轻易改变自己的决定。格兰特的成功鼓励我们：一定要选择优秀。从平庸到优秀只有一步之遥，在成为优秀之前，只要把你该做的事情做好，做得更好就足够了。行动胜于一切，任何计划的实现，必须先行动起来，在行动中得到检验。要有"野心""严谨作风""钢铁般的纪律"，使自己立即行动起来，那时就离胜利不远了。格兰特的成功告诉我们：要有积极的心态。格兰特是天生的乐天派，做事一向积极，任何时代，都是积极者的时代，上进者的时代，创造者的时代，你要掌握控制自己的心态，因而，你也就主宰了自己的命运。

顺子，在困境中给自己加油，格兰特横刀立马出征。其实，每个人都有可能在厄运中，变成一位旷世奇才的机会，上帝给你关上一扇门的时候，必然要打开一扇窗，只要你挺得住，扛得起，一切都在你的掌控之中，曙光已到，黎明就在眼前。孩子，向格兰特学习吧，你也可能从普通人到士兵，再到将军，一切的可能，都在你的努力之中。

不怕厄运不幸，只怕担当不够。

排名不怕靠后

学年排到 100 名的汤玫捷,却被国外名校录取。现实中,学习第一名的考大学时不一定比排名靠后的考得好,也不用说,大学毕业第一的就比排名靠后的工作好。凡事要有自信,不能让别人的光辉湮灭了自己的色彩,你有自己的优势和长处,你也有第一没法比拟的地方,发挥自己的长处。记住,不是跑得最快的人,而是最终撞线的人,才是冠军。

上海复旦大学附中高三学生汤玫捷,在 2004 年末,全校成绩仅排在 100 名左右,2005 年却被哈佛大学录取了,并得到全额奖学金,这次录取整个亚洲仅 2 名,她靠的是自信。她靠着自信,10 岁时成为上海东方电视台少儿栏目的小记者,靠着自信成为上海东方网"东方少年"的主持人,靠着自信成为赴美交流学生。美国西德威尔友谊中学的推荐老师说,虽然她的学习成绩不如其他学生,但是,汤玫捷是最有潜力的学生,因为她做事朝气蓬勃,充满信心,她做什么工作都是一样的出色,让我们没有理由不去相信她。就这样一个学习普通的孩子被哈佛录取。当一个人一旦确立了伟大的理想和抱负,有了崇高的生活目的,或对某项事业强烈求成时,他就会产生一股不可抗拒的力量,发愤读书,即使明明知道会历尽千辛万苦,他也会义无反顾地去追求成功。

达尔文在中学时,成绩非常差,不但老师不满意他的成绩,他的父亲也认为他是个无用的废物，认为他"辱没了家里的名声"，可是达尔文就是不气馁，不灰心，不自卑，他坚信自己一定能够成为出色的人，他专心20多年研究生物学，发表了《物种起源》，震动了世界。在困难和挫折面前不是畏怯退缩，自暴自弃，而是把困难视如攀登的阶梯，看作开辟未来的桥梁，激流勇进，一往无前，自信是多么重要啊！有了自信，心中就对自己所从事的事业不怀疑，不恐惧，遇到困难，不退缩，就会克服重重困难和压力，甚至是流言蜚语。他们不会在乎这些的，他们知道我是洪流，我必须勇往直前，不取得成功，誓不罢休。爱因斯坦因为常常专注于思考问题，而一两个星期不洗脸，但是不管周围人怎么去议论他，他把全部精力用在自己的研究方面，直至取得成功。

一个人只有立大志，才能干大事，立大志，要有恒心；有恒心，才能有信心，坚信自己一定能够取得成功。爱迪生、袁隆平这些著名人物，哪一个不是出生于小乡村，他们都是靠着健康的体格，饱满的精神，卓越的能力，沉静的智慧，忘我的工作，获得成功。

志存高远，这是个前提，对自己再大的志向，也需要有个坚强的信心，一定要相信自己，通过努力就能够实现自己的志向。别看他人考到了第一，并不能说明他会永远第一，只要你刻苦努力，也同样会拿到第一，这只不过是个时间问题，不是你不行的问题，是你努力不努力的问题。只要你下功夫，超过他所吃的苦，超过他的勤奋，只要你能够掌握正确的学习方法，把薄弱的功课补上来，只要你去专心听老师讲课，只要你不去不懂装懂，大胆虚心求教，你也照样会拿第一的。

陈磊经常鼓励自己的一句话就是"我能行"，她只身一人到一个语言不通，周围没有熟人的生活环境，一个仅有十几岁的女孩，就是坚持了"我能行"，而成为闯进纽约曼哈顿华盛投资银行的小姑娘。孩子，其实你并不比别人差，只不过你太看重学习好的同学罢了，你知道吗，这样最容易产生自卑，其实，他们为了保住自己的名次，天天学到晚上一两点钟，天天把别人闲玩的时间都用在了学习上，其实他们真的跟你一样，只要你刻苦努力学习，一定也很棒。爱迪生小时候功课经常不及格，可是后来他一改不认真的毛病，不专心的缺点，致力于科学试验，他一生有了上千项的发明。

"知心姐姐"卢勤老师在《告诉世界，我能行》一书中写道，世界是勇敢者的，每个人都有未被发现的"新大陆"，这就是潜能，有勇气去争取胜利的人，才有可能发现自己的"新大陆"，培养勇气，征服自卑，建立自信最好的办法就是去做你应该做，但又害怕做的事，直到取得成功。卢勤老师向我们推荐"培育勇气的八大法宝"：一是上课大胆发言。上课不敢发言的同学，并不是不会，往往是因为缺少自信，要主动发言，争取第一个。二是走路挺胸抬头。走路时，你只要把胸挺起来，把头抬起来，就会觉得自己很优秀，别人也会认为你很自信，愿意和你一起做事。三是用眼睛注视对方。用眼睛正视别人，不但能给你信心，也能赢得别人的信任。四是认为自己独一无二。任何一个人都有别人没有的长处，你只要找出自己与众不同的地方，你就会为自己而骄傲，战无不胜的勇气自然会回到你的身上。五是把"我"想成"我们"。胆小的时候，往往把"我"想成一个独立的个体，感到无助，产生自卑。如果把"我"想成"我们"就会减少压力。六是给朋友写信。感到心烦的时候，就给朋友写信，倾诉自己的烦恼。七是面对高山、田野大喊。在登山或郊游时，尽情地大喊大叫，就会发现自己原来很伟大。八是常常对自己说"我能行"。你天天对自己讲几遍"我能行"，越是害怕做的事，越要鼓励自己"我能行"，你会发现，自己勇气大增，真的能行。

记住，怀疑自己，你就会恐惧，恐惧就会害怕，害怕就会对自己没有信心。看看张海迪吧，她身残志坚，她坚信自己能够成功，她自学了从小学到大学的全部课程。我们有人教，有人辅导，她找谁教，找谁辅导，张海迪就是凭借自信心，克服了平常人连想都不敢想的困难，她取得了成功。我们无须再有借口，只要我们肯努力，一定会取得成功；只要有自信，你肯定会拿到第一的。

排名只是一种形式，拥有真本领，才是真理。世界上笑到最后的，才是智者，取得胜利的，方为英雄。

世上无难事，只要肯登攀。

一定要拼

孩子小时候，我有意培养他体育锻炼的意识。我听说家附近某单位有一个乒乓球桌子，就跟对方联系，单位下班后，我可不可以带孩子过去打打乒乓球，对方二话没说就答应了。我到县里办事，顺道去商场买了两副球拍和几盒乒乓球。没承想，孩子很喜欢打乒乓球这项运动。我跟孩子打了很长时间的乒乓球，刚开始他打不好，后来，我不认真打，打不过他，小孩子学东西悟性快，只要他下功夫，很快就能进步。当时，邓亚萍正是红火的时候，每当她打出一个好球，都会情不自禁地喊出"漂亮"！为自己的拼搏鼓劲，为自己加油，因此，她获得了一个又一个世界冠军。时任国际奥委会主席萨马兰奇在奥运会上亲自为她颁奖，萨马兰奇主席特别欣赏她打球那股拼劲。邓亚萍10岁被选入省队，后来因为她个子矮，被退了回去，可是，她刻苦训练，顽强拼搏，她说，我不仅要拼回省队，而且还要成为全省第一名，成为全国冠军，世界冠军。果真，两年后，她不仅打败了省队的大姐姐大哥哥们，而且还登上了全国冠军领奖台，后来，这个"小不点"震动了全国，享誉世界乒坛。我国体育界有句名言，"人生能有几次搏"，一个"搏"字，说出了拼搏者的广阔胸怀，顽强的斗志，惊人的毅力，体现了对事业高度的责任心。女排赢得了"多连冠"，创造了女排精神，它的核心就是拼搏，为国争光。我教孩子打球，打累就歇歇，就跟他讲讲那些打球以外的事情。我跟他说，打球需要拼劲,学习也需要拼劲。我小时候学习并不好,不会的功课,就主动去找学习好的同学帮助我,作业我一遍写不好,就写第二遍,一道题没做好,就反反复复去做,直到做好为止。人没有一个拼劲不行,人生的进步靠父母、靠别人不行,就得靠自己去拼搏,这样才能实现自己的梦想。

拼搏,就是不屈不挠的努力,就是投身于火热的现实生活。所以,当你看到那些取得成功的人时,就要认真去思考一下,当初创业者的艰辛。拼搏,就是不怕艰险,不怕困苦,勇往直前,积极向上。青年人特别需要这种精神,要敢于站在时代潮头,敢于当时代的弄潮人,敢于扬帆远征,敢于取得胜利,敢于为实现自己目标去拼搏,去努力。铁犁开土,才有一垄垄散发着泥土香的耕地,才能生长五谷,才能有累累硕果的金秋。

科学的道路没有平坦笔直的,有的甚至是通过几十年的奋斗,甚至几代人的努力才能实现。没有拼搏意识,没有超强意志的人,很难取得成功。华罗庚教授为了追求光明,几经曲折,从美国回到祖国,为了实现自己的信念,推动祖国科学事业的发展,华罗庚勇敢地拼搏到生命的终点。"导弹之父"钱三强是我国著名导弹专家,为了我国的核事业发展做出了突出贡献,他常常工作在环境特别艰苦的罗布泊,令常人难以想象,如果他没有对事业执着的追求,不懈的开拓进取,对共和国导弹事业的忘我奋斗精神,没有超过常人的吃苦奉献精神,没有特别能忍耐,特别能吃苦的科学求实态度,就不会谱写出一曲为科学献身的拼搏之歌,没有拼搏,就没有进步,想取得成绩,就必须去拼搏。

拼搏,就是自加压力,自我超越。一个个故事,一个个回忆,在没有获得成功之前,都需要有一段艰苦的努力过程,这个过程就是一个艰苦拼搏的过程,就是超越自我,实现自我,自我奋斗的过程。学习没有拼搏,就不会进步,没有超越自我的精神,就不会克服懒惰、懈怠,就不能通过人生的道道险阻和难关,就不能战胜学习和生活中的困难。

　　拼搏，就是克服困难，一直向上。人生不如意之事十之八九，往往逆境多于顺境，经常会遇到这样或那样的困难和问题，我们必须用积极的人生态度，对待自己遇到的困难和挫折，鲁迅先生语重心长地说："愿中国青年都摆脱冷气，只是向上走。"青年人应该有大无畏的开拓精神，积极向上，珍惜光阴，让青春放射出夺人的光彩。拼搏，就是坦然面对各种境遇。我们不要幻想人生像大道那样平坦，而要面对各种意想不到的磨难，并且还需要用信心去战胜它，要敢于胜利。一个被大火严重烧伤的小男孩，经过顽强拼搏，靠着自己的努力，刻苦锻炼，后来成为当时世界上跑得最快的人，他就是葛林·康宁汉博士。被烧伤时，医生对他都没有信心，医生对他妈妈说，这个孩子保住生命对孩子不一定是好事，他的下半身遭到严重伤害，就算活下去，下半辈子也注定是个残疾人。就这样一个原本逃不过死神魔爪的人，一个原本无法走路的人，一个原本让医生都想放弃治疗的人，一个原本连活下去都没有的信心人，他却靠着自我拼搏，自己努力，成为体育健将。他坚信自己的目标一定能实现，于是摔倒了，爬起来，再摔倒，再爬起来，终于站起来了，终于学会了走路，终于学会了跑步。每一个过程都那么艰辛，每一步走得都那么不容易，每一天他都是咬着牙坚持刻苦训练，靠拼搏他又考上了大学，还进了学校田径队，跑出了世界当时最好成绩。只要你敢于拼搏，无论是遇到什么样的厄运，你都能够战胜。

　　邓亚萍靠着"拼"劲，打出了世界冠军；康宁汉靠着拼劲，成为残疾人自强不息的典范。人生靠着拼搏会辉煌，事业靠着拼搏会成功。一个人欲求进步，只有靠拼搏，方为取胜之道。

　　努力拼一下，进步快一些。

打基础很关键

父亲告诉我,房子耐久不耐久,结实不结实,关键在地基上,地基在土里埋着,一点也对付不得,房子盖多高,啥结构,要看地基承受的强度。

父亲丈量好房子长宽,测出柱脚等所在位置后,用墨绳放好线,然后按线撒上石灰,我们就开始挖地沟,父亲说,挖地沟有很多说法,必须超平,要不然房子一下沉,就高低不一了,地基还要打破冻层,冬天才不会对房子产生冻害,地基的宽窄也有要求,到柱脚的地方,要比正常的地方略微宽点。

父亲在干活时,告诉我一个道理,无论盖房子打地基,还是做啥事情,都要打好地基,老话说,基础不牢地动山摇。比如说,你学习吧,你基础不好,以后你哪科,都学不好。再比如说,学啥手艺吧,基础不好,你到啥时,你的手艺也达不到精湛的高手水平。万丈高楼平地起,就是说一万丈高的楼,那就得能承受一万丈的压力。

我经历了脱土坯的过程,也记住了做任何事需要打好基础的道理。孩子没有见到爷爷,但是,爷爷的深打地基的道理,却应该让他传承下去,因为这对孩子的发展很重要:基础不牢,地动山摇。

九层之台,起于累土;合抱之木,生于毫末;千里之行,始于足下。足下不努力,何以至千里。庄恩岳说,人生成功的丰碑源于踏实的努力，凡事从小做起，切莫志高才疏，饭要一口口吃，事要一件一件做，青少年朋友，要立足脚下，立足于打好学习的基础，多读书，读好书，做好人，都要从基础做起。

孩子喜欢体育节目，我也爱看。但是，我们只看见奥运会的奖牌和耀眼的光环，却没有看见运动员训练场上的挥汗训练；我们只看见如日中天的曹德旺、董明珠这些著名企业家的辉煌，却没有看见他们当初创业的艰辛困苦。想想如果没有当初刻苦的训练，就拿不到世界冠军；企业家没有当初一铢一钱的累积，就不能到达亿万的身价。楼建得越高，它的基础打得就应该越牢。一个人想干成大事业，就必须从小打好基础，从点滴做起，万里长城起于一砖一石，千里之行始于足下。在中学阶段是打基础的最关键阶段，它对人的一生向何处发展有着较大的影响。我读过两院院士的文集《院士思维》，书中大部分的两院院士兴趣和爱好都是初中培养的，由此变成了他们一生的追求。宣永光说，青年人，多是心高志大，只贪虚誉，而不重事实，只重未来，而忽视现在。要知心高，是应追求渊博的知识，志大是要培养伟大的人格，有渊博的知识，再有伟大的人格，才能做一番光明正大，轰轰烈烈的事业。伟大的人格，来自一点一滴的培养；丰富的知识，靠平时一点点的积累。根深树必茂，基固楼自坚，没有一定的学习基础，日后的工作学习都将受到影响。

孩子，趁着年轻力壮，悟性好，记忆力强，多学点知识，打好你最重要的人生基础，这是一项影响你一辈子的大事。

一个人一定要在青少年时期，树立远大的目标，为了实现这个目标，就要去积累知识、积累技能、积累经验，甚至是积累失败，这就是打基础。一块好钢，只有经过千锤百炼，才能真正出炉；一个成功的人，只有经过忘我的奋斗才能成才。青少年时期是一个人习惯养成时期，要注意培养自己的兴趣、自己的爱好、自己的优势，打一个好基础，为自己以后的发展创造有利条件，所以你要耐得住寂寞，吃得住辛苦，受得住挫折，承得住压力，受得住失败，要多读书、多学习、多实践、多思考，多见世面、多经风雨，这样你未来的事业，才能有更大更好的发展。

青年人，不要好高骛远，不要叶公好龙，不要蜻蜓点水，不要浮躁，要立足眼下，走好脚下的每一步，一步一个脚印地学，一点一点地积累知识，一天一天地增长本领，只有像两院院士青少年时期那样，打好人生的基础，才能有人到中年时的辉煌业绩。

我年轻时跟父亲脱土坯，盖房子，它只是我人生长河里的一个小小的浪花，但是父亲谆谆教诲，深打地基的道理，却让我受用一辈子。做任何事情，都要认认真真，从基础做起，脚踏实地，就没有做不好的事情。

要想成就事业，必先筑牢基础。

从我做起

大姐生性要强，不向命运屈服，自立自强的精神，一直鼓舞着我坚持学习，勤勉敬业，努力向上，她对我的成长有很大的影响。无论家里家外的活计，大姐拿得起放得下，事事要强，样样出色，让村里人竖大拇指。大姐长得浓眉大眼，很漂亮，心地善良，干净利索，热心肠，乐于帮助别人，无论吃多大的苦，挨多大的累，受多大委屈，大姐从来不抱怨，都默默忍受，作而求精，事而求成，凡事都做到极致和圆满。大姐结婚后，孝敬公婆，伺候婆家老老少少一大家十几口人，上上下下没有不满意的，婆家没有一人不夸大姐。大姐心灵手巧，记得大姐织的毛衣是村子里最好看的，家人穿的衣服和鞋都是大姐用自家的缝纫机做出来的。大姐只要看到邻居家孩子买的新衣服样式好看，回到家里就能照着样子做出来，我外甥女穿着大姐做的衣服到大街上玩，大家一看，比新买的还好看。大姐在生产队干活一点也不逊色那些男劳力，村子里的人都佩服大姐，大姐干什么农活都不比大老爷们差，扶犁、点种、趟地、推碾子拉磨，甚至赶马车，开手扶拖拉机等，我记忆中的大姐所有的农活她都会干，还干得非常好，一些男劳力都佩服大姐的活计。大姐夫在公社上班，天天下乡，基本上一个月回不上几次家。家外的农活，家中的家务，大姐样样拿得起，放得下。大姐的闺蜜姜姐告诉我，大姐十分要强，之所以她这么拼命地干活，完全是因为家里人口多、劳力少给逼出来的,大姐是要把家里的日子过得像模像样,不让别人瞧不起,所以,大姐的付出就比别人多出多少倍。打我记事起大姐就嘱咐我:人要自立自强,别啥事儿指望别人。指地不打粮,指人不办事。万事靠自己,要想干好事,自己带好头。施恩不想,受恩当报。实在做事,一生做好人。

犹太人有句名言,最值得依赖的朋友在镜子里,那就是你自己,真正的人生,就是自己一步一步走出来的,喊出属于自己的声音,唱出自己心中的歌,描绘出自己的未来蓝图,走出属于自己的道路,那就得从我做起,从现在做起。正如但丁所说,走自己的路,让别人去说吧。勤奋是对成功的最好注脚,从我做起,是实现理想的根本保证,认真听好每一节课,解好每一道题,完成好每一次作业,背诵好每一首古诗,阅读好每一篇佳作,这样你就会一步一步地渐入学习佳境,一点一点渐进地成长起来。古罗马有两座通往成功的圣殿:一座是荣誉的圣殿,一座是勤奋的圣殿。人们必须通过后者,才能到达前者,不通过勤奋这座宫殿,就到达不了荣誉的宫殿,所以,你想要达到那些优秀学生的成绩,必须勤奋刻苦学习,从我做起,不等不靠不闹,学习没有捷径,一勤天下无难事。

知人者智,自知者明。看清自己,是取得成功的必然,做一个认清自己的人,是强者的智慧。我们每个人只看到别人的光环如何耀眼,没有正视自己的潜在优势和无限能力。通过你自身的努力,也许比别人的光环还要光彩夺目。人们始终习惯向外追寻,没有向内探寻,今后,从我做起,不自轻自贱,不妄自菲薄,不自暴自弃,脚踏实地去努力,不达到目的就不放弃。

一位诗人说,谁都是造物者的光荣。世界上的每一个生灵都有其闪光点。无论人或物,完美无缺和一无是处都是不存在的。不要对孩子太过苛责,上苍给你的孩子已经够完美了,你必须善待他,接受他,忠心耿耿一辈子默默地为孩子奉献。所以,从我做起,不是一句空话,你让孩子好好读书,你却整天出去喝大酒、打麻将,不干正事，你凭什么去教育好孩子，所以，你得从自己做起，尽量减少外面的应酬，陪陪孩子，你不一定帮助孩子写作业，做好精神的陪护，对孩子来说更为实在、更为有益。

睿智的人，不等不靠，自己给自己鼓劲上发条，主动去学习。懒惰的人，得过且过，总想到自己如何享受，甚至早晨懒在床上不愿意起来。不起早，就不能勤奋起来，起早是勤奋的象征和成功的代名词。歌德说，人不是生来就拥有一切的，人是从学习中所得的一切来造就自己的。凡是想走进高等学府的人，给自己拿到大学的金钥匙，实现自己美好的目标，他就能下决心去完成学业，下决心不干与学习无关的事情。

人的成长过程，就是一个不断发展自我，充实自我的过程。通过学习来提高自己分析问题，观察问题，解决问题的能力，根据自己的成长经历、思维定式、语言逻辑、个人修养等方面的知识，正确做出判断，认真谋划自己的未来。

大姐已走了20多年了，但大姐勤俭治家，与人为善，和睦亲友的教诲，却永远记在我的心里，让我不敢有些许的懈怠，我一直勤奋努力，以致所成。大姐家的儿女辈和孙子辈都已长大成人，传承了大姐的自强不息的精神，家家致富有方，勤俭富足有余，各家都事业有成。真是，好人有好报，因果有因缘。愿世上人人都去当好人，好人一生平安。

从我做起，立见行动。

自信的力量

我参加工作时不到 20 岁,是个地地道道毛手毛脚的小伙子。有时别说工作了,就是说话,都不知道咋说好。平时跟领导不知道说啥,下基层工作,不知道跟群众讲啥。那时的我是个小跟班,跟着比自己年龄大的同事下乡,跟人家学做群众工作,学开会,学写文件、写汇报,那时我真的很不自信。

有一天,跟我一起的干部有事儿回乡里了,只剩下我一人。村里为了落实乡里征购粮食政策,要开紧急会议,村书记说了,在会议上,我要代表包村干部讲话。我跟村书记说,我可讲不了,也讲不好,你就别安排我讲话了,讲不好再给你们添麻烦。村书记说,这次你不讲肯定不行,你讲啥群众都当作这是上级定的,征粮是大事,你必须代表乡里讲一讲。我没办法只好硬着头皮,硬挺着这次非得讲的讲话。我坐在主席台上,往下一看,满屋子黑压压的人头,村屯干部群众代表一百来号人,我寻思这讲话要是讲错了,讲砸了可咋办啊。

这时,我想起一起包村大哥的话,你给群众做报告,要踮起脚来讲话,面对主席台下面群众的脸,你就想象那张张脸,就犹如一片成熟的高粱地里的红高粱,你想说啥就说啥,要自信,别怯场。做到这一点,你要在没讲话前,心里打个腹稿,讲啥不讲啥,有个小九九。首先谈形势很重要,这事不抓不行;其次,把你平时总结的措施方法和上级乡里的具体要求往里套，谈几点解决问题的措施。最后，你说说干部，特别是村屯干部，党员干部要带头，要帮助乡里做好群众工作。你多想多说，少想少说，别瞎说，说完就结束。最好举例子说，这样既生动又形象，大家都爱听，你这个讲话就成功了。

  开会时，村书记跟下面群众介绍完我的简历，让我代表乡里讲一讲。我站起来，鞠一躬，说："谢谢大家。"说完这句话，竟然不知道往下说啥了，停了好一大会儿，我才在群众的鼓掌声中，磕磕巴巴地讲了起来。这时，我想起包村大哥告诉我的，讲话时，你踮起脚，就自信了。于是，我直起腰来，把脚踮了起来，我说话也逐渐连贯了，声音也洪亮了。我讲了乡里的征粮政策，讲了附近各村征粮进展的情况，讲了全县全乡征粮形势，讲了要完成这次征粮任务要靠党员干部和种粮大户带头，讲了乡里对提前完成征粮任务的奖励办法。我越讲越顺溜，一口气讲了半个多小时。讲完了，干部群众长时间地鼓掌叫好。村支书说大家没听够，还让我讲，我只好再次站起来，鞠躬致谢，说："今天没准备好，哪天再跟大家一起学习上级粮食征购精神。"每个人都有不自信的时候，一定要想办法鼓励自己，树立起自信心。当你不自信的时候，就把脚踮起来，我能行，我肯定行！别人能做到的，我也能做到。

  卡耐基说，你有信仰就年轻，疑惑就年老；有自信就年轻，畏惧就年老；有希望就年轻，绝望就年老，人应该自信，怀疑就会失败。你要相信自己，相信你所从事的事业，相信通过自己努力，肯定能够获得成功，只有这样你才能有超乎常人的非凡勇气、非凡胆量、非凡决心、非凡毅力，你就会取得非凡的成功。

  自信隐藏在生活的每一个地方，有了自信，你的人生将有一个美丽的春天。有的孩子在学习中很不自信，认为自己脑袋笨，没有学习好的孩子脑袋瓜好使，遇到自己不感兴趣的学科就打怵，越打怵，越不愿意学，这个学科的成绩就真的很长时间上不去，不自信，对孩子学习影响是很大的。

改变自己的思想，就会改变自己的命运。要为自己的目标做出牺牲，就要不断地完善自己，提高自己，丰富自己，使自己的形象好起来。英国首相丘吉尔原先讲话结结巴巴，口齿不清，根本不是当演说家的料，别说让他当总统，别人认为那简直就是幻想，可是丘吉尔不服输，经过他不懈的努力，丘吉尔不但成为一名出色的演讲家，而且成为英国历史上著名的总统，他正是通过演讲，捍卫了国家的尊严。美国盲聋哑作家海伦·凯勒，正是通过她坚定的超人的信心而成为著名作家、教授，还获得了双博士学位，这些让正常人也很难企及的事情，一个又盲又聋又哑的人却做到了，这就说明了一个道理，一个人有了坚定的自信心，坚强的毅力，任何困难都能战胜，任何目标都能实现。

鼓励自己，就会成功。"我行，我肯定行""我能成功，我肯定能成功。"只不过我现在只差了那么一点点，人要有强烈的成功意识，这样不但能鼓舞自己，而且也影响着周围的人，让别人感觉到现在你已经起步，向着成功的目标迈进，只不过是时间的问题。你充满自信的态度，不仅仅会改变你，而且也会改变你周围的人对你的看法，使他们由对你的认可，转到对你的支持，经过你的努力，到那时你就会真的成功了。有一首歌中写道：如果面前有一座山峰，我们就勇敢去攀登；如果遇到一场暴风雨，我们就是翱翔的雄鹰。跌倒了，爬起来，说一声，我能行！骨头变得更硬；失败了，不气馁，说一声，我能行！再去争取成功。我能行，有信心；我能行，更坚定；我能行，去开创新的人生。我能行，精神才能振奋；我能行，信心才能增强；我能行，力量才能提升；我能行，才能坚定地朝着自己确定的目标大踏步地前进！

成功的人，他们最突出的特点就是自信，有着浩然的气概，冲天的豪气；他们都是大胆的、勇敢的、坚强的，更是自信的；他们认为自己是个很有能力、很有办法、能克服困难的人；他们能够自信、自尊、自爱、自己欣赏自己、自己鼓舞自己、自己鞭策自己，为自己助威，这样，在自信的感染下，别人也会信仰你、尊敬你，这就是自信的力量。美国作家亨利说，人生是为成功，不为失败，自信是成功的第一秘诀。记住一切胜利，唯存于心中，你认为你会失败，你就失败；你认为你会成功，你就会成功。你必须对自己有十足的信心，才能胜利。现实中，强者不一定是胜利者，但是，胜利者，必须是有信心的人。曹德旺年轻时就满怀雄心壮志，经过艰苦的努力，使梦想变为现实。

要远离自卑，若对自己不信任，你就不可能成功，也不可能快乐。要将满脑子塞满信心，自信就能够成功。如果目标已定，那就埋头苦干，全力以赴，专心于每一步的攀登，不要被失败绊倒，不要被万丈悬崖吓破你的胆，要抱着一定要成功的想法，你的思想就会顿时活跃起来，你的精气神，就会闪光，一切疑惑、畏缩等都会消失，就像旭日东升，那样兴奋、激动，那样朝气蓬勃，让你义无反顾地前行，自信将带给你无穷的力量，相信自己的潜力，相信自己的能力。

没想到踮起脚来的讲话，这样一个小小的举措，竟使我获得了自信，让人生有了鼓起风帆的勇气。

自信方得大道，努力才能成功。

名与利

我的朋友跟我讲了这样一个故事，清朝乾隆皇帝游访江南，来到了镇江金山寺，见江面上往来船只如梭，就问老和尚，"你在这里住了多少年了？"和尚答："住了几十年了。"乾隆又问："你既然住了几十年，能否告诉我，你每天看见长江上有多少船只往来。"老和尚答道："只看到两只船。"乾隆惊奇地问道："我分明看到不止两只船。"老和尚不慌不忙地说："人生只有两只船，一只为名，一只为利。"乾隆听后感慨不已，人生只不过，为名而来，为利而往。我通过这个故事想到，过分追名逐利就是引火烧身，凡是追求贪婪、淫逸、享乐和巧取豪夺，最终必将落得个身败名裂。而那些平民百姓，不为利名，知足常乐，享受着清贫淡泊。他们为生活奔波着，他们为生存努力着，他们对不该得到的从来不去痴心妄想，固守着平平淡淡才是真的理念，固守着一份圣洁，一份纯朴的人生观，所以，他们达观、快乐、幸福。因此，那些人烟稀少的高山峡谷，野旷田野，清溪绿草之地，就多长寿之人了。

　　从小就要形成正确的人生观和价值观，要正确看待名与利，从小就要有防微杜渐的意识。名与利涉及修身、齐家、为人、处事、格局、人生目的等。我父亲告诉我，打小不偷针，长大有规矩。做个有正能量、有品位、有素质、有追求的好青年。因为，凡事都要有个"度"，任何事情过了"度"就不好了，贪得无厌就会忘乎所以，把握不住自己的欲望；贪得无厌就会不择手段，满足贪欲就会出问题，到那时后悔都来不及。一旦忘乎所以，不但自己入监犯科，而且牵连家人遭殃，弄得家破人亡，那么，有多少钱，又有什么用呢。人生如滑雪，在没有学会滑雪前，要先学会如何停下来，不然你就会摔跟头。要记住，做任何事情都要适可而止，恰到好处。人生要学会知足，你跟前面的比有差距，可是，你跟后面的比，你比他们强多了。看看，你后面有拉车的，还有挑担子的，还有为吃饱饭而沿街乞讨的，知足常乐，常常乐。

生活中一定要把握尺度，注意分寸，不要贪得无厌，永不满足。明代朱载堉的《十不足》，把人的欲壑难填，永不满足，描绘得淋漓尽致。

> 终日奔波只为饥，方才一饱便思衣。
> 衣食两般皆俱足，又想娇容美貌妻。
> 娶得美妻生下子，恨无田产少根基。
> 买到田园多广阔，出入无船少马骑。
> 槽头拴了骡和马，叹无官职被人欺。
> 县丞主簿还嫌小，又要朝中挂紫衣。
> 若要世人心里足，除是南柯一梦西。

做人要有节制，有规矩，守纪律，懂方寸，这样才能在人生旅途上顺利而畅达。人小时候啥样，一旦习惯养成了，长大了就变成了啥模样。木受绳则直，人守戒则正。贪欲之火必须从小就要消灭它，这是青年人发展的始端。不让金钱熏透心，不为金钱所困扰。只要理想化行动，苦干、巧干、实干，只为目标奋斗，这样的青年人才有大出息、大未来、大格局。所以，小时候的提醒很重要，时刻提醒自己，万事都有度，过度则有害，打好预防针，不越规矩这条红线。因为梦想一夜暴富，想方设法去占别人便宜，拿不干不净的钱，这些都是不应该的行为，甚至对人一生都是有害的，决不能沾染坏毛病，绝不能自毁人生，在人生旅途中，要时时处处提醒自己，节欲克制，视名利如草芥，待平淡为朋友，安康祥顺才是真正的王道。

相反，人生要积极进取，不要有奢望，而要有希望。希望是奋斗目标，奢望是罪恶深渊。心中有希望，就会有目标，就会有追求方向和动力。要有希望，让它成为我们的人生坐标，在人生旅途中走好每一步，直至到达人生光辉的顶点。那些为了考上理想大学的孩子们，他们不舍昼夜，废寝忘食，刻苦攻读，就会实现自己心中的愿望。

金庸先生写出许多脍炙人口的文学作品，可是正当他事业如日中天的时候，却挂笔了，念起佛经来。这种不为名利诱惑的定力，让人们值得学习和敬佩。名利场上易忘身，困难面前难自持。金庸功名一世，气节千载，不得不令人敬佩之至。功名利禄和荣华富贵，随着时间的变迁而转移，唯有忠义气节会永远留存，善待名利，这才是悟透人生的真谛。

有些孩子不能正确对待名利，往往考试好了，成绩上去了，就欢天喜地，考砸了就垂头丧气，有些孩子一到考试就发蒙，本来会的题都答不上来了，名利思想太严重，抛不开，放不下，所以怕考试。

在美国拿破仑·希尔这个名字无人不知，无人不晓，他创造性地建立了全新的成功学，是世界上最伟大的精神励志导师。他从弗吉尼亚的偏远小镇走出来，他不断地总结别人的成功经验，向卡耐基、福特请教，并不断地寻找机会实践自己的经验，他花了20多年的时间将这些宝贵经验总结成《成功学》，然后他将这些"秘诀"通过一个慈善机构无偿地传授给后人，使很多人学习了他的做法，由普通人变成了千万富翁。

乾隆皇帝的一问一答，这是人生的参悟。人生的得与失，成与败，好与坏，名与利，却是关乎一个人一生的进步与倒退，发展与落后，从小定格为奋斗而行，为理想而负重，那么，他的未来不是梦，而是金字塔顶上的一颗闪闪发光的宝珠。

名利淡如水，事业重如山。

带孩子出去走

孩子小时候，我们一家人利用寒暑假，带他去北京旅游，游览故宫、颐和园、天坛、天安门城楼，参观北京军事博物馆。小的时候，他啥也不懂，啥都新奇，那个时候，我带他，我经管他。等孩子长大了，我带他去本溪和千山旅游，那是一次真正意义上的父子出游，顺便还去了沈阳世界园艺博览会，后来，他经管我，他带我。其实，带孩子出去旅游，说白了就是让孩子感到世界很大很大，长长见识，开阔一下眼界，让他认识到今后若想走得更远更好，那就必须把眼下的学习搞好。有时，我们思忖着旅游的事儿，游一圈回来，总有这样的感觉，你确实去那里了，但到家一想啊，就剩下了一个过程。其实，人生也就是一个过程罢了，起点那里是个冒号，终点那里是个问号，关键是如何过好这一生，是力争上游，努力进取过一生，还是随风伴柳，稀里糊涂一生。一生百年转瞬即逝，一生当中，养育孩子最为不易，把孩子教育好了，你就完成了血脉传承的任务，所以，培养一个有素质的孩子，一个有眼界、有格局的孩子，是我们做父母的职责和义务。带孩子出去旅游有新的意义：一方面要看看祖国的美好河山，另一方面让孩子事先做好功课，让他了解要游览地方的人文历史、政治文化、经济发展、特色产品、地理位置等，让孩子从旅游中学到知识，增长本领，获得见识，开阔眼界。

对孩子可以缺吃少穿，但是决不能让孩子缺眼界和胸怀，孩子没有格局，那他心胸不会开阔，做事不会大度，孩子成长的空间也会被挤压。其实，人小的时候并没啥差异，差异在后天的学习、后天的创造、后天的努力。对孩子良好品德的塑造，有一个很好的办法，就是家长应尽可能带孩子出去走一走，开阔孩子的眼界，丰富孩子的知识，改变孩子的性格，使孩子尽可能早地去认识社会，了解社会，融入社会，孩子有见识，才有见地，才能有作为。登高而招，臂非加长也，而见者远，走得越远，见识越广，登高一览众山小，让孩子知道攀登越高，见识也就越大，眼界也就越开阔，胸襟也就越豁达，人生也就越能承载更多的负荷。

现在不光是成人工作节奏太快，而使人感到疲惫不堪，那些立志金榜题名的孩子，也是苦不堪言，不堪重负。现在的孩子都很懂事，他们对学习的重要性，看得比较清楚，他们知道要想成绩上去，就必须比别人多练习、多读书、多做题，几乎把一天时间，都用在学习上，他们没有玩耍的时间（他们这个年龄正是玩耍的阶段），有的甚至因为学习不但占用了运动时间，而且还占用了休息时间，他们大多数都学习到晚上11点，他们克制着自己贪玩的冲动，在灯下苦读，因为他们知道一个硬道理，"只有苦读，苦学，才能出名次，才能有好成绩"，只有超过别人的勤奋，才能有超过别人的成绩。他们的学习压力是很大的，他们每天循环往复的学习生活模式，早晨天刚放亮就吃饭，然后学习，中午吃完饭再学习，吃完晚饭，又开始了学习，然后学到深更半夜，去睡觉，然后吃早饭，整天整月地循环往复着这样的生活模式，孩子苦不堪言。试想，一个十几岁的孩子，这样的学习生活，是不是太单调了，单调得不能再单调了，所以，孩子学习的积极性，学习的热情，很难调动起来，极易出现学习疲劳、厌学等情况。如果有条件的家庭，利用寒暑假带孩子出去旅游，走向大自然，走到社会，走进缤纷的生活，让大好河山激起孩子的学习热情，调整一下孩子因学习而造成的紧张神经，让孩子在紧张的状态得以松弛下来，轻装上阵，进步就会更快。试想一下，弓弦总是绷得太紧，也不行，只有一张一弛，它的力量才最大。

在一个单调的学习生活中，极易造成性格上的缺陷，所以当我从报刊上看到"家长要常带孩子出去走走"，为之拍手称快。带孩子旅行不仅仅培养了孩子兴趣，而且通过走，还可以锻炼孩子。

初中和高中阶段不仅关系到一个人一生能否打好学习基础，也是培养学习兴趣的关键时期，还是生长发育的关键时候，也是形成性格的重要阶段，带孩子出去走走，非常关键，出去走走，可依时间而定，可大可小，可远可近，可以到旅游胜地看看景色，可以到田间农家，体验农民的生活，可以到工厂，看看工人的劳动，可以到城市，看看城市的发展，让他看看自己向往的大学、向往的单位、向往的地方，使孩子产生对学习的动力和激情。带他进入农村，进入到跟他同龄的孩子家庭中，让他感知城乡的差距，珍惜自己的学习环境和生活条件，让他知道自己的学习环境和条件比农村的孩子强多了，学习上才能更加努力。总之，只要领着孩子出去走走，一定会有你意想不到的效果，用这种方法教育孩子比任何语言都管用，都好使。

只有让孩子拥有一个健全的性格，才能有一个健全的心理。更好地面对学习中的挫折，激发孩子对社会、对家庭、对学习的热爱，激发孩子产生学习热情和内在动力。青少年的生活本应该是五彩缤纷的，所以，孩子应该积极同父母或者伙伴出去走一走，但是不能在家长不同意的情况下偷着走，不能盲目出走，那样会很危险，会出问题的，而要在得到家长的允许下，有计划、有准备，甚至有目的旅游。家长也应尽可能带着孩子出去走走，最好在一定的时间内就能安排出行一次，让孩子看到大自然的美丽，世间的丰富多彩，感受到生活的美好，使孩子有积极的人生态度，培养孩子良好的学习兴趣，调动孩子学习的积极性和主动性。出去走，才知道世界的神奇，才知道知识的贫乏，才知道眼界的狭窄，才知道发奋读书的重要，才知道把书读好，做出眼下刻苦努力的意义所在。人生要达到最高境界，只有苦读，苦学。

眼界的高低，决定一个人的格局，一个人格局的形成，又是一个人胸怀的大小，局限于一隅之地，一室之间，想来孩子的格局、眼界、胸襟，也大不到哪里去。只要把孩子单调的学习生活丰富起来，走出去，走向大自然、走向社会、走向火热的生活，让他在实际生活中得到锻炼和成长，长硬了翅膀，你还害怕他飞不起来吗？他会比你想象的飞得更高更远。

远行多闻，登高眺远。

与人为善

　　小时候，村里有个叫王小胖的孩子，他比同龄的孩子长得壮实，不爱学习，就好干仗。他上学去得晚，大家都上完一节课了，他才晃晃悠悠地走进教室，中午没到放午学，他早就没影了。老师找他父亲多少次，他父亲揍他，也不好使。我和同学都听到过班主任教育他，要与人为善，不要干仗。老师嘱咐我们，只有小时候培养好道德品质，与人为善，长大了才会心地善良，成为阳光的人。老师说，不但要善待同学，就是猫狗牛羊这些生灵也要善待，积善久了，人心就暖了。你对大家好，大家就会对你好；你对大家恶，人家就会对你有戒备，不理你。王小胖爱斗，他不但逃学，还好找碴跟同学干仗，同一个年级干完仗了，就找上一个年级的学生干仗。后来，听屯子人说，王小胖20多岁入室抢劫，把人杀了，被判了死刑。善有善报，恶有恶报。与人为善，天高云淡。

　　有篇文章记载，林肯年轻时气盛，定下与别人决斗，并在决斗中，被人家险些削掉鼻子。后来林肯回忆说，"如果没有及时刹住暴躁的情绪，克制住自己，再决斗下去，被削掉鼻子，总统肯定当不成了。"生活中免不了出现同别人磕磕碰碰的事情，可是总有一些人忍不住气，一时冲动，把小事演变成大事错事，后悔终生。"能忍者自安"，不要同别人过不去，要宽以待人，多给别人送温暖，少凉风冷语，多交朋友，多做善事，那些能成就大事业的人，都是特别能忍耐，心中能装事，能容事的人。

与人为善，广结善缘，凡事"让"字当头，不要跟他人过不去，生活中有很多尴尬的事情，都是由自己不慎造成的，不要太认死理，遇事不较真，多加考虑，留有回旋余地，这样攻可以进，退可以守。予人方便，自己方便，何乐而不为。

播种鲜花，才能收获快乐。高尔基生病了，到一个孤岛上去养病，高尔基的儿子来看他，临走时，孩子在高尔基住的病房周围种了许多花，过了一段时间，百花竞放，争奇斗艳，美丽极了，高尔基看到后，高兴地写信给儿子。"你走后，可是你种的鲜花却开放了，我心里想着，我的好儿子在岛上留下了一件美好的东西，那就是鲜花，要是你不管在什么时候，什么地方，都给人们留下美好的东西，让人们对你产生非常美好的回忆，那你的生活该是多么愉快呀。"行善事，做好事，不仅自己快乐，而且也给别人带来快乐。要学一学高尔基的儿子，播种鲜花，收获快乐，人们为什么喜欢春天，就是因为春光明媚，青草漫山，小溪清澈，百花竞放，春天带给人们快乐、幸福、美好。做善人，行善事，不仅要有良好的愿望，而且要有良好的行为。

控制情绪，砥砺性格。最强的人是能够控制自我行为的人，一个人必须具有较强的自我控制能力，这样才能做自己真正的主人。有句俗语说得好，"忍之，忍之，再忍之，忍到忍无可忍之时，再忍一次，当能逢凶化吉，转祸为福也。"对那些无原则的小事，尽可能忍耐一些，别动太大肝火，生活中经常有的人一时冲动，因一点小事大打大闹，甚至出了人命，何苦呢，后悔都来不及。人生一世，没有什么过不去的事，没有必要太较真。常香玉临死前给儿女留下的纸条就是"能忍自安，百忍成金"，忍耐不是懦夫，忍一步海阔天空，让三分风平浪静。大丈夫能屈能伸，才能有广阔的胸襟。"能吃常人不能吃之苦，能忍常人不能受之辱"。韩信跨下钻，孙膑被髌骨，司马迁受宫刑，他们都忍受了常人不能接受的耻辱，而成就大事业，韩信成为大将军，孙膑成为军事家，司马迁写出了《史记》，如果他们当时不能忍一时之辱，愤而击之，可能连性命都保不住，更不用说成就事业了。

　　成功的人遇到困难时，总是坚持忍耐。很少在人前抱怨，发牢骚，他们做事谦和，理解人，善待人，宽容人。曾国藩说，君子之道，莫大乎与人为善，这是告诉我们要同别人和睦相处，乐于帮助别人，给别人阳光，同时也温暖了自己的心灵。

　　与人为善，要有人格魅力。要海纳百川，大度谦虚，能够严于律己，宽以待人，不斤斤计较，不患得患失。做人要有能力，一定要有真本事，真才实学，知识面广，喜欢读书。做人要有专一的兴趣，不能朝三暮四，得陇望蜀，今天想干这，明天想干那。又想学文，又想学理，目标不一。做人要有修养，有境界。做事要不卑不亢，做人要彬彬有礼，礼贤下士，注重言谈举止，注重小节，品行端正。做人要诚实厚道，言而有信，处事公平。

　　懂得人必先自爱，而后人爱之，人必先自助，而后人助之的道理，我必先自重，然后才能得到别人对你的尊重。你不帮助别人，等你有了难处，别人凭什么去帮助你。广结善缘不要做孤家寡人，朋友多了路好走，要结交各方面的朋友，但是不结交酒肉朋友，你有酒肉，他们自会前呼后拥，而一旦你无酒肉，他们便会离你而去，没了踪影。

　　善待他人，心地善良，人生自然灿烂。老师谆谆教诲"积善久了，人心就暖了"，要铭记于心，努力践行，善待生灵，修道修为，自有美好前程。

　　善要从心起，善要从诚来。

力戒浮躁

小时候，一回到家里，一甩书包，就跟同学跑出去玩了。有时吃完晚饭，我急急忙忙地把书从书包里掏出来写作业，有时也有学不进去的时候，妈妈看我抓耳挠腮学不进去了，就喊我乳名，去院子里陪大黄狗玩一会儿。我就放下书本，颠颠地跑出了屋子，喊了一声"飞镖"。那是我给大黄狗起的名字，它一下子就跑了过来，来到我跟前，它就用脖子往我大腿上蹭，然后，我绕院子跑，它也跟着跑，我跑累了，它就蹲在我眼前瞧着我。妈妈感觉我玩得差不多了，就说："你的作业还不赶紧完成啊，都快8点了。"我赶紧丢下"飞镖"，回屋里写作业。时下，孩子小，没有定力，一玩起手机就放不下，这很正常。有许多家长跟我一样，对孩子一玩手机就头疼，他们一玩起手机来就全神贯注，家长要是不管，就能玩一小天，可是，你要是让他看看书，没看上几页，就打瞌睡了，家长头疼，孩子无奈，孩子学不进去的浮躁之气不清除，就不能解决沉迷手机的问题。

青少年正是学习的最佳时期，学生、学生，要以学习为生，学习是孩子们日常生活的主要内容，玩起手机来没完没了，没早没晚，这就偏离了学习这个中心。所以，有节制地玩手机，这才是正确的选择。我想家长要帮助孩子解除对手机的依赖，让孩子把大部分精力都用在学习上，别耗费在玩手机上。在这件事上，对孩子严苛点是对的，让他集中精力，把精力放在学习上，告诉孩子玩手机实质上是心里浮躁的表现，教育孩子在学习上不妄想，不妄动，一切为了学习，一切为了提高成绩，一切为了推动学习，不谈考不考学的问题，就是今后干工作，也需要一定的文化知识，没有文化知识，那只能干底层的工作，让人看不起。只有掌握一定文化知识，考上名牌大学，才能成为白领阶层的人，做成功之人。

因为心里浮躁，对学习没了兴趣，那就只有玩手机，才有兴趣，一玩手机，就控制不住自己，所以，有的孩子一天精神总也提不起来，学不进去，干啥啥够，今天这个不对，明天那个不对。可是，他自己一天不学习，却全对。他学不进去，自然成绩就上不来。看看身边的学生，越学越来劲，精神越集中，学习就越好，反之，孩子对学习失去了信心，就不爱学习，不爱学习，孩子就无精打采，他们吃不下苦，读不进书，得过且过，白白浪费了大好青春。我想，这样的孩子到了两鬓斑白之时，就会长叹一声，那时真傻，怎么不好好学习呢，可是青春不再，脚上的泡都是自己走的。到成年回过头一看，自己青年时的同学，都有了自己的事业，取得了很出色的成绩，当时，这些同学有许多根本不如自己，他就会发出人生的感慨，后悔自己在青年时没用功学习，悔之晚矣。

浮萍，随风飘荡于江河之上，无自己固定之所，人心要是浮躁，就同浮萍一样，神不能安，心不能静，气不能聚，干啥都不能集中精力，干啥都没有心思，一提学习就烦，父母不督促还好点，越说他越不高兴，越不学习，他就怎么也学不进去，可是一说玩手机、打游戏，他就来了精神。我想现在的孩子太应该静下心来，想想为什么学习，为谁学习，如何学习？你心不静，心不在学习上，你的学习成绩肯定上不去。

一个人一浮躁，就会心烦意乱，假若他看书，那肯定就是一个"烦"字了得，一提到学习，他的呵欠就上来了。反观那些学习好的孩子，人家把课本读得滚瓜烂熟，一有时间就读课外书，一有空就做练习题，知识面广，思维敏捷，怎能不优秀呢。反之那些不爱学习的孩子，精力不集中，他要是拿出来手机玩，一玩就是两三个钟头，都不会倦怠，所以，孩子，你一定要反思自己，正确对待足以影响你一生命运的学习，把学习重视起来，相信你，你一定会在学习上取得进步的，取得骄人的成绩。

大作家贾平凹为了集中精力，不受外界干扰，创作自己的作品，叫人把他关进一个小屋子里，每天有人给他按时送饭，不写完绝不出屋，这样一待就是三四个月，甚至半年，这是何等的毅力和信心，想想贾平凹整天待在一个小屋子里该是多么寂寞和无聊，可是他为呆下去，坚持下去，就是一个目标，一定要完成一部优秀的作品，那么你一个中学生就要去完成自己的学业，为自己的人生打好坚实的基础，集中精力，去掉浮躁之气，同贾平凹一样，把自己融入学习生活之中，同书中的人物、情节、数字，甚至是公式交朋友，把它们看成是活生生的东西，带着趣味来做，同它们一起欢乐，一起忧愁，把学习不再当作苦差事，而是一件乐事，一件自己越来越愿意去做的事情，这样做，你一定会喜欢读书和学习的。

人要想取得成功，别无他法，只有一步一个脚印地去努力。不能像浮萍那样，行无踪，去无影，要甘于寂寞，甘于奉献，甘于迎难而上，甘于同懒惰做斗争，如果你感觉有点厌倦，不妨到室外呼吸一点新鲜空气，不妨到操场上跑几圈，不妨看几眼自己喜欢的文学作品，写字累了就换个方式，念念英语或做点别的。人的生物钟也是有周期规律的，不能总是精神饱满，要学会在低潮时调整自己，放松自己，在学习时，一定要让自己心平气和，精神集中，这样学习效果才能好。

要努力控制自己，使自己集中精力。要有远大的志向，要有强烈的事业心、使命感、求知欲，要敢于承受为成功而付出的代价，敢于面对压力，敢于直面人生，要积极乐观，敢于迎接各种挑战，敢于面对各种困难，要敢于超越自己，"浮"则不深，停在表面，不求深入，不懂装懂；"躁"则好动，静不下心来，做不下去功课，站不住脚跟。

境由心造，学习的环境靠自己创造，不管在什么样的条件下，都能够集中精力学习。从今日开始下功夫吧，从现在做起，咬定目标不放松，玩手机，会玩掉你最好的青春，会玩掉你美好的未来，一个人不因外界干扰而改变自己追求的目标，不泄劲，不松劲，不断为自己加油，不断地去培养自己浓厚的学习热情，增强学习兴趣，一步一个脚印地把学习搞好，这样你就离成功不远了。

我小时候，有时连课本都没有，课外读物根本就没有，全县只有巴彦和兴隆等几个大镇才有书店，你们今天想买啥书，不用去书店了，用手机直接下单就实现了。你有书读，却不爱读；我没有书读，却发奋去读。听听过来人的劝告，没有知识是多么可怕，尤其一个人到了该发展的年龄，人家有知识、有文化、有技术、有本领、有才能，一旦遇到机会，他们就会不断地发展，不停地往高处飞，他们是一只翱翔的雄鹰，而我只有羡慕的份了。所以，急躁不得，要静下心来，认真去学习，这才是自己的职责。

人生躁不得，静心来学习。

专心为取胜之法

我记得小时候，老师给你讲铁杵磨成针的故事，大诗人李白见到老婆婆正在用铁杵磨针，李白问："婆婆你磨那么粗的铁杵啥时能磨成绣花针啊？"老婆婆笑着说："铁杵磨成绣花针很容易啊！只要一心一意去做，铁杵也能磨成绣花针。"这个故事告诉人们，要想取得事业成功，除了持之以恒，就是专心致志。你在幼儿园时，学会了小猫钓鱼的故事，回家给我和你妈讲，你童声童气地说，老猫由于专心致志，一心一意，一条一条地钓到鱼，可小猫不专心啊，一会儿抓蝴蝶，一会儿追蜜蜂，而没有钓到鱼，后来小猫听了老猫的教导，也钓到鱼了。今天，我又想起这个故事，想起当时你也就五六岁。现在你上初中了，做事需要专心，不专心做事，三心二意，肯定是做不好的。今天，你升入初中，我却把幼儿园的故事翻出来，就是告诉你，做事一定要全力以赴，集中精神。学习也是这样，万不可分心分神，尤其上课，必须专心听老师讲课，课上听不明白，弄不明白的，弄不清楚的，课下必须向老师或同学请教，不能不懂装懂，一定要集中精神，一心一意，学习就是学习。正如打井的钻头，要朝着一个方向，不停地钻下去，这样才能挖出水来。

刘亦婷就是靠专心学习，来提高学习成绩，最终考上了美国的哈佛大学。当年刘亦婷被美国的四所名牌大学同时录取，哈佛大学、哥伦比亚大学、威而斯利学院和蒙特霍利约克学院。这些学校就连美国本土的学生也很难考上，可是刘亦婷却考上了，并且还获得哈佛的全额奖学金。她说，每个人只有专心于功课，专心于实践，专心于探索，专心于创新，他都会取得成功的。我们要向刘亦婷学习，在学习中认认真真，全力以赴。

曾国藩告诉他的孩子，做事一定要一心一意。他讲"一意读书，勤俭治家"。就是说读书要一心一意，持家一定要勤俭；"求业之精，别无他法，曰专而已矣。吾掘井多而无泉可饮，不专之咎也"。这句话的意思是，寻求学业之精深，没有别的办法，说的就是一个"专"字而已，我掘井很多，而没有得到水，就是不专的过失啊。"读书宜专一耐久"。读书不可三心二意，要专守一经，需要有一个"耐"字，一句不理解，决不看下句，今天不理解，明天再读。曾国藩的这些话，应该成为我们的至理名言。专心，就是专心致志，绝无旁念，精力高度集中，把精神全部集中到学习上来，这样学业才会进步，功课才能学精，事业才能成功。

我曾登过辽宁千山的"通天路"，昆明西山的龙门崖，三峡的古栈道，身贴万丈峭壁，脚下万丈深渊，往上瞧，刀劈万仞，向下看，深壑无底，一不小心，就有掉到万丈深渊之感，胆小者腿肚子直哆嗦，寸步难行，别说登上去，就是近处瞧瞧，都会胆战心惊，但是，只要你有信心，有勇气，有胆量，一意向前，决不左顾右盼，目视前方，一步一个脚印，一步一个台阶，你就会登上去，美丽的景色就会尽收眼底。登山如此，学习也这样，不但要有信心、决心，更要有耐心、专心，要聚精会神，全神贯注，不要被各门功课的小考、大考、校考、联考吓破你的胆，只要你用心学习，脚踏实地，一步一步向前攀登，你就一定会到达光辉灿烂的顶峰。

如果你下决心做好一件事情，就会专心致志，全力以赴。要明确学习目标，并且要有不达到目标决不放弃的劲头。要排除外界干扰，外界的诱惑太多了，电子游戏、电视连续剧、网络游戏、交友聊天、体育运动等，如果你不能很好地排除这些干扰，就很难集中精力。要培养自己的控制力和忍耐力,有一个高中生为了避免同寝室的同学影响他学习,他用棉花球堵住耳朵来学习,长时间去做一件事,来磨炼自己的注意力,只有做到心静,才能神静,精力才能集中。要养成好习惯,做任何事情都不能拖拖拉拉,严格要求自己,向高标准看齐,形成良好的学习习惯。要制订读书计划、运动计划等,这样到什么时候,就去完成什么,完成小目标,累积到一定程度,就实现自己的大目标。

　　小时候讲给父母的故事,孩子可能不一定记得,可他的父母却记得很清楚。有些道理说起来容易,做起来却很难,做事,坚持下来很难,很难,但凡迎难而上者,没有不成功的。

　　专心可攻磐石,专心可成伟业。

需要坚强

我父亲出生于1919年,他是家里的老大。父亲没念过书,但是他非常希望我们能读书。听姑姑讲,父亲为了养活这一大家人,冬天农闲时到大山里给有钱人家"倒套子"(从原始森林往下拉原木)。

为了让我们把书读下去,父亲给人家苫房子、修炕灶,晚上编筐、编篓、编炕席、扎扫帚,他吃多大苦也愿意,父亲常说"穷读书,富养猪""你们千万别像我一样睁眼瞎,一个大字不识可受憋了,我念不起书,那是因为旧社会家里没有那个条件,现在你们条件多好啊,一定要珍惜,把书念好"。从我记事起,父亲为了养活一家人,他就拼命去队里找别人不愿干、又苦又累又脏的活干,队里也因为父亲干活实在,经常在农闲时给父亲安排些活,所以,父亲为我们读书上学创造了经济条件。队里同我年龄相仿的孩子,虽然有的比我家生活条件好些,可是小学一念完,家里就不让念了,为的是能在队里给家里挣点工分,可是父亲却不这样想,他非常看重读书人,虽然当时家里吃不上、穿不上,很困难,父亲不管吃多么大的苦,遭多大的罪,就是不允许我们不念书。小时候,我穿的衣服没有一件衣服不是补丁摞补丁的。每逢开学就是那一两元钱的学杂费,也是父亲一家挨一家借来的。回想起来,那时该是多么不易啊,如果我们不念书,就可以到队里干点活,还能挣点钱,为父亲分担一下困难,可是,我们这一读书,不但挣不到钱,而且每逢开学,父亲还得到各家去借钱,但是父亲总是态度坚决,让我们一定要把书念下去,家里再难都由他一个人顶着,不叫我们分心。父亲常常给我讲,你再苦再难的时候,也没人能帮你,只有你自己想办法解决这个困难。所以,父亲教育我们一定要坚强,遇到绝境时也要挺一下,咬咬牙再挺一下,这个坎就过去了。我自豪有这样不识字的老父亲,教孩子学会坚强,所以,我们在生活中遇到挫折和困难时,都能够积极面对。

我在报纸上看到背着妹妹上大学的洪战辉,他跟我的父亲一样积极面对生活上的困难,他携妹12载,坚强求学的事迹,感动了全中国人民,鼓舞了新时期的大学生,成为青少年学习的榜样。大学生洪战辉无人给他交学费,经常一天吃一顿饭,而且还吃不饱。为了解决小妹的吃饭问题,只好自己挨饿,有句话说得好,"困难是弹簧,你弱它就强,看你强不强",面对困难、挫折,不要逃避,不要自卑,要迎难而上,办法总比困难多,努力就会成功。

学会坚强,就要轻装上阵。每天各种烦恼都会向你袭来,生活重担向你袭来,功课多、作业量大的学习重担向你袭来……压得你喘不过气,走不动道,所以一定要学会释放,学会给自己减压,才会一往直前。古时候,有一个人背着一袋黄金掉到了河里,无论岸上人的如何劝他,赶紧丢掉袋子。可是,他就是不肯,最后,不仅黄金丢了,他的命也丢了。当下我们的生活中不也有这样的人吗,他们永远不满足,永远悲观丧气,背负着沉重的心理压力。在学习和生活中,一定要学会取舍,学会放弃,不能因为要金子,就不要自己的小命了,没有小命了,那金子还有用吗?

不管人生有多么大困惑,多么大诱惑,我们都要抵挡得住,要学会放弃、学会丢掉、学会坚强。看庭前花开花落,望天上云卷云舒,人生百年,不要忧愁一生,苦闷一生。要以平常人的心态,对待任何事情,不以物喜,不以己悲。不要让自己活得太累,整天到晚,一脸愁容,让喜悦扫去烦恼,让爱心永驻心田,无论你遇到天大的事，你都要默默地告诫自己，多大个事啊，犯不上为这些烦恼忧愁去计较，去费脑筋，要学会轻松、学会放松、学会坚强，有舍才有得，不舍就不能得。有一篇文章《千里不捎针》，讲的就是学会忘记，学会放弃，任何事情都要拿得起，放得下。学会淡泊宁静，无为致远，才是好人生，精神负担不重，自然人就轻松。

  作家路遥在创作百万巨著《平凡的世界》时，总是工作到凌晨两三点钟才睡觉，工作量太大，中间几乎成了一种奴隶般的机械性劳动。眼角糊着眼屎，手指头被纸张磨得都露出了毛细血管，搁在纸上，如同在刀刃上，只好改用手的后掌（那里肉厚一些）继续翻阅，他写作紧张之时，常常忘记吃饭。为了约束自己的意志，每天的任务都限定得很死，完不成就不上床休息。工作间实际上成了牢房，而且制订了严厉的"狱规"，决不可以犯规。大作家路遥如果没有惊人的毅力，坚强的信心，很难创作出《平凡的世界》这部惊世大作。

  坚强就会攻克一切生活或学习上的苦难。遇到挫折，不要灰心丧气，要保持一种高昂的斗志，迎难上，不屈服，才能成功。

  坚强能攻无不克，成功方指日可待。

谨慎

我母亲有个姐姐，婆家在袁家屯，母亲经常领我去大姨家串门。表哥表姐年岁都比较大，我跟大表哥家的孩子年纪相仿。跟母亲一到大姨家，就跑出去跟表哥家的孩子——我的侄子们玩，因为他们年岁跟我差不多，都不愿管我叫小叔，有啥事，就叫我"哎"。"哎，你把鱼钩给我拿来，""哎，快接着这条鱼，得有一斤沉。"我在大姨家就成了"哎"。大姨家紧靠少陵河，是松花江流域内的比较大的支流。那时河面得有100来米宽，岸上长着密不透风的"柳条通"，河水清澈见底，河里的鱼虾有的是，用手就能抓到鲶鱼。拿个土篮子往河边的草丛里一捞，就能捞上来活蹦乱跳的鲫鱼、鲢鱼，捞上来的小鱼崽、老头鱼、泥鳅，大家都不稀罕吃，扔到院子里的猪食槽子，给鸭子们吃了。

大姨家生活条件也比我家好，到大姨家能吃到油饼和大米饭，这在我家是要等到过节或过年的时候。还有一个原因，我去大姨家就能穿上新衣服。我家人口多，母亲一个人做不过来那么多针线活，所以，我们家里大人小孩穿的衣服大部分是大姨给做的，大姨针线活太出色了，南北屯子没有人比得上大姨的针线活，我结婚时穿的棉裤都是大姨做的，那时候大姨都70多岁了，耳不聋，眼不花，小针码得好，让小媳妇都羡慕。

有一次，我跟两位表侄用网去少陵河捞鱼。我的水性要比表侄们差多了，但年岁小，不懂事，逞强，大表侄说："前面河水翻花，肯定是清沟，水深，咱们别往那边去了。"我偏不听，结果我拎网过去，就沉下去了，在那里干扑腾，浮不上来。幸亏，我的两个表侄水性好，水把我冲走100多米远，他俩费劲地把我救上来。我喝了好几口河水，心里害怕极了。回到家里，表侄害怕，就把我险些溺水的事跟表哥学了，这件事可把家里的大人们吓坏了，以后再去大姨家，母亲再也不让我跟表侄去河里洗澡、抓鱼了。一个人一生有许多错误，大概都是不谨慎造成的，所以遇事一定要冷静思考，做出正确判断，然后再做出决定，绝不可因贪功而冒进，这样危险很大。青年人尤其要注意这一点，不要逞强好胜，不管不顾，唯我独行，不顾客观实际，想干啥就干啥，这是不对是。

　　刘墉讲过这样一个故事，一个小男孩，妈妈让他照看洗澡的妹妹，可是他忘了，出门去玩，等他回来以后，妹妹却溺死在浴盆里，这正是不谨慎造成的。一个人一生做事必须谨慎，有媒体登载一个孩子做完饭，忘了关煤气，结果他父亲回来抽烟，引起大火。有的孩子放学在大道上打打闹闹，被车碰伤。人们在日常生活中，谨慎该是多么重要的事情，特别是有时父母上班，孩子一个人在家，使用家用电器做饭时，如果忽视安全，很容易出现问题。

　　"诸葛一生唯谨慎，吕端大事不糊涂"，诸葛亮一生取得过无数次军事上的胜利，都是因为他知己知彼，谨慎用兵而取得胜利。当你高兴时，忘乎所以，所以你千万要谨慎。有句话说得好，"别忘了你是谁，人生得意马蹄疾，许多人出来捧你的场，因为你能帮上他的忙，你对他们很有用。"不谨慎，就会在这个时候出问题。得意之时，千万不要过分张扬，一点好处也没有。学会低调处事，既可以明哲保身，又可以不招惹是非，安安静静守本分，自然自乐好人生。青年人交友也要慎重，患难见真情，烈火见真金。患难时结下的友谊才珍贵，黄金需要烈火焚烧，才可以鉴别真假。交朋友要看准人，太功利的人不能与之交往太深，太浮躁的人也一样，只有在你患难时，实实在在帮助你的人，才可以作为真正的朋友去结交。

曾国藩告诫子女，举止要重，发言要切，尔终身要牢记，无一刻可忽也。这句话意思是，你的举止要庄重，说话要谨慎，你一辈子要牢记这两句话，一刻不可以疏忽。为人处世也应这样，人必须要做到处逆境而不消沉颓废，处顺境而不得意忘形。自强不息者终将取胜，披荆斩棘者必达高峰。曾国藩说，若能风霜磨炼，苦心劳神，自足坚筋骨而长见识。可见曾公教育孩子要经风霜雨雪，才能见长识，勤奋执业，不妄思不妄动，在历练中增长才干，多见多闻，不屈服外界的讥讽和打击，经受各种磨炼，练就自己独特的性格和无比坚硬的骨气。谨慎乃为修身之法，谨慎就不会犯那些不该犯的错误。

小时候，因为不慎，险些溺水，大时不慎，险些触电。不慎会给人带来很多的意外。期盼谨慎伴君行，人生之路保安平。

谨慎无过错，遇事多思考。

人生有诗意

我整理家里的书柜,发现有盘磁带,是儿子五六岁时,我领着他读的《神童诗》。听着童声童气的《神童诗》,有一种久违的感觉,被现代科技保存了20多年的声音,仍然清晰明亮,现在听起来分外亲切,有从未有过的激动。孩子小的时候,我认准"腹有诗书气自华",于是就给孩子购买了几套儿童学诗卡片和读物,回到家有空就教他,拿唐诗卡片跟他做游戏。我始终对旧体诗词有偏爱,我固执地认为,小时候学点唐诗宋词那是逗孩子玩,大了背诵点唐诗宋词那是提高文学素养,工作时学点唐诗宋词那是提升个人品位。拿古诗词来教育孩子不失为一个好方法,古诗简短易记,家喻户晓,妇孺皆知,通俗易懂,好处实在太多了。即使现代儿童有各种电子玩具,也不可缺少古诗词的教育内容,腹有诗书气自华,让孩子反复吟诵领悟,这些古诗必能起到教育和感化的作用。

用古代诗歌教育孩子是中国的一大特色,很多家庭在孩子小的时候都教孩子背古诗,来开发孩子的智力。我也非常喜欢读儿童启蒙读物,如《唐诗三百首》《宋词精选》《千家诗》等,又如《朱子治家格言》《三字经》《增广贤文》等,特别是《古代教儿诗》和《神童诗》更是把它们奉为经典。从古代教育孩子的文学作品中汲取营养,古为今用,让孩子背一背古诗,不仅可以启发教育孩子,还可以陶冶孩子情操,提高孩子自身素质,促进孩子学习,扩大知识面,它不仅对开发孩子的智力十分有益,而且书读百遍,其义自见,反复吟诵,孩子在读诗中,还能悟出很多道理来,激发学习热情,领悟人生真谛。

孩子常常吟诵古代诗歌,熟能成巧,竟然有的孩子学会了作诗,境界自然比别的孩子高出一筹,孩子有兴趣,诗中有道理,让孩子学学古诗,何乐而不为。

这里摘录《古代教儿诗》和《神童诗》

附1:《古代教儿诗》

一切言动,都要安详。
十差九错,只为慌张。
沉静立身,从容说话。
不要轻薄,惹人笑骂。
性躁心粗,一生不济。
能有几句,见人胡讲。
洪钟无声,满瓶不响。
自家过失,不消遮掩。
遮掩不得,又添一短。
要成好人,须寻好友。
引醉若酸,哪得甜酒。
世间艺业,要会一件。
有时贫穷,救你患难。
昔时贤文,诲汝谆谆。
集思广益,多见多闻。

附2:《神童诗》

天子重英豪，文章教尔曹。
万般皆下品，唯有读书高。
少小须勤学，文章可立身。
满朝朱紫贵，尽是读书人。
学问勤中得，萤窗万卷书。
三冬今足用，谁笑腹空虚。
自小多才学，平生志气高。
别人怀宝剑，我有笔如刀。
朝为田舍郎，暮登天子堂。
将相本无种，男儿当自强。
学乃身之宝，儒为席上珍。
君看为宰相，必用读书人。
莫道儒冠误，读书不负人。
达而相天下，穷则善其身。
遗子满赢金，何如教一经。
姓名书锦轴，朱紫佐朝廷。
古有千文义，须知后学通。
圣贤俱间出，从此发蒙童。
一举登科日，双亲未老时。
锦衣归故里，端的是男儿。
英雄三百辈，随我步瀛洲。
为官须作相，及第必争先。

　　诗词，在孩子的教育启蒙中，起到了积极作用。著名节目主持人董卿主持的《中国诗词大会》中的串词享誉世间，这里不再赘述诗词的美好之处了，你看看董卿的开场白，写得太精彩了，绝妙无比。

《中国诗词大会》的串词：诗词是心灵的绽放，映照每一回寒来暑往，它是"草长莺飞二月天"，它是"稻花香里说丰年"，我们走过春夏秋冬，诗意始终伴随左右。……一起看人面桃花相映红，一起听稻花香里说丰年，一起叹霜叶红于二月花，一起盼风雨送春归，飞雪迎春到。季节有四季，诗词也有四季，代代相传，生生不息，就让我们在《中国诗词大会》花开四季的舞台上，再一次来感受中华文明的璀璨辉煌，品诗意人生，看四季风光。……无论是雨霁风光，春分天气，千花百卉争明媚，还是露从今夜白，月是故乡明；无论是清明时节雨纷纷，还是大寒须遣酒争豪，大自然的变化也催生了一代代诗人的诗情。读书不觉已春深，一寸光阴一寸金。人生自有诗意，诗意美在四季。中国是一个爱诗的国度，那些世代相传的精神财富已经融入了我们的血脉，成为鼓舞我们勇往直前的最深层的力量。我们爱诗，就是要追寻文化的基因，感受诗词永恒的魅力，拥抱那最美的诗和远方。古诗有意境，古诗博大精深，用古诗来教育孩子，提升孩子文化素质，将起到很大作用。

中国有诗意，人生有风采。腹有诗书气质在，征途岁月锦花开。诗意人生无限美，古典诗词伴君行。

要有精神头

我初中的时候，家里的房草年头多不行了，下雨天漏雨。父亲张罗苫房子。

苫房最难的活是拧房脊，这活当然得苫房匠干了。父亲会苫房，所以，我家苫房子也就没有外请苫房匠。我感觉拧房脊跟女人编辫子差不多，但拧房脊说道很多，也需要技巧，拧房脊要跟房顶结合好，还要拧好草辫子，不但要好看，还要坚固耐用，主要防止大风把草给掀起来。那时南北屯子凡需要苫房子的人家，都找父亲帮忙，那时整个村子里也没有一间砖瓦房，全部是低矮的土草房。父亲每年都帮人家苫房，如今家家住上了砖瓦房，有的人家盖的房子比城里的还漂亮。

这次苫房子的整个过程，我都参与了。后来，我随父亲多次去给人家苫房子。父亲说，许多苫房匠并不比我差，为什么都愿意请我去，关键是他们干活不认真，这活必须认真细致，你说几根横草，就可能造成漏雨，人家请你苫房子，今天风刮掉草了，明天又漏雨了，要不就苫得一块薄一块厚，苫一次没挺几年，人家苫一回房子多么不容易，又张罗打草，还请苫房匠，花销也不小，所以，学会手艺容易，能把持手艺的良知和操守却很难，一个人想在这个行当里站住脚，那就得毫不含糊，把活干漂亮了。

一个人精神饱满，斗志昂扬，带给周围人的感觉也是积极向上，奋发图强的。正如一早醒来，如果你酣畅淋漓地睡了一大觉，面对太阳就会朝气蓬勃，精神抖擞，数不清的力量往上涌；如果你一夜失眠，早晨起来就会精神困倦，呵欠连天，无心做事，心烦意乱。如果你看见穿戴整齐的人就会肃然起敬；如果你看到穿戴不整的人，你就会敬而远之，所以说，做人一定要有精神头，要干劲十足地迎着日出去上学，信心百倍地努力学习，那斗志昂扬、充满胜利的精神，就会引导你战胜各种困难，使你取得真正的成功。

　　人不可有傲气，但不能无傲骨。林则徐说，苟利国家生死以，岂因祸福避趋之，如果对国家有利，可以以命相许，迎难而上，只要国家需要，我可以奋不顾身。陆游说，丈夫贵不挠，成败何足论，大丈夫最可贵的是百折不挠，事情的成败不值得议论。曹操《观沧海》，日月之行，若出其中，星汉灿烂，若出其里。吞吐宇宙，波澜壮阔，气象万千的那种气概，林则徐的"壁立千仞，无欲则刚；海纳百川,有容乃大"的胸襟。孟子那种"贫贱不能移,威武不能屈"的骨气，李白"长风破浪会有时，直挂云帆济沧海"的豪气。人要有点精神，精神是支柱，精神是力量，到什么时候，精神不能垮下来，精神一垮坝，人就完蛋了。

　　人要有点精神头，就不能萎靡不振，要及时清理消极思想。庄恩岳在《每天有一份好心情》一文中写道"心情抑郁易致病，何必整天愁眉苦脸，每天希冀一个新的太阳，精神垃圾要常扫。幸福与痛苦均是一种感觉，凡事要往好的方面想。多反省、多检点、多祈祷，必将带来人生明媚的春天，心中始终有一个美好的意念，心中始终荡漾温暖的激情"。要有点精神头，心情快乐，自然容易成功。

　　我跟父亲学习苫房子，父亲说，在这世上，如果你想养家养自己，你就得下苦功夫学一门手艺，不怕样样通，就怕一门精。精通一门手艺，往小了说，可以养活自己，往大了说，可以养活一家人。我说，事做大了，能形成产业链，还可以养一群人，为社会做贡献。所以，人要有点骨气，有一个精神头，要有一个不服输的劲头，保持昂扬的心态，旺盛的精力，无所畏惧的势头，才能破浪前行。记住，无论我们昨天是怎样过来的，你都要在今天推开窗户，迎接一缕清风，信心百倍，振奋精神，抬起头，坚定地向远方奔去。

人有精神头，干啥都不愁。

为孩子喝彩

我记得第一次带孩子去登骆驼峰，在山脚下他欢天喜地，等到登到山半腰，我们已是大汗淋漓，气喘吁吁，孩子说啥也不愿往上登了。我鼓励他，坚持一下，就要到山顶了。于是，我们继续攀登，等我们历尽千辛万苦一下子到了顶峰脚下时，看到离顶峰最高处，还要攀登一段非常险峻的石碴子时，孩子有点泄气了。他说："爸爸你爬吧，我实在爬不动了。"我的心咯噔一下，必须鼓励他不能放弃，这不是在登山，而是在给他上人生的一节课。如果这时孩子放弃了，那孩子心里就会打个结，今后一遇到困难，他就可能放弃，这样的暗示作用一旦在孩子心里产生阴影，对孩子成长是十分不利的，遇到点啥事，他都会找到借口，半道放弃的。所以，我心想不管用啥办法也得让他登到顶峰。我跟他说："来吧，没事儿，咱俩一起登，一定能登上顶峰的。"我看他不吱声，还在犹豫，我伸手拉着他朝顶峰爬去。我们终于到了峰顶，当他看到群山的壮观美景，他的眼睛里都放出亮光来。跟我说："爸，这景真美，要不登上来就太可惜了。"我说："山下有山下的风景，山顶有山顶的别致。人啊，也这样，不能只蹲在山脚下，不往上走。也不能走到一半，就不走了。登上山顶，一览众山小，群山连绵，心旷神怡，人就来了精神，人就有了自信。无论干啥，都不能随随便便放弃，你刚才如果放弃了，还能看到这些美景吗，肯定看不到了，绝美的风景，往往在山的最高处。"孩子说："太美了，我登上来太值了。不上来，我会后悔一辈子！"我说："在山下我就跟你说，你行，你肯定行，看看，你不是登上来了吗。人生如同登山，只要坚持一下，当你实在坚持不下去的时候，再坚持一下，你就成功了。"

我记得孩子六七岁的时候，我给他买一辆装甲车玩具，一次让他弄坏了，孩子来找我给他修，我说："你自己动脑筋，找找毛病，然后把它修好，你尝试一下，如果你修不好再来找我，我帮你。"孩子听我这么一说，回去把装甲车的零件一件一件卸下来找原因，经过一番查找，终于发现是装甲车的电动机坏了，于是，他从别的玩具上卸下个电动机，安装到车上，车就修好了。我还记得，孩子小时候遇到问题总爱问这问那，有时候把他母亲都问烦了，这说明从小就爱动脑筋，爱思考，长大了也应发挥爱思考的这个优势。一个人无论干什么事情，一定要学会思考，只有思考了，才能找到最佳的解决方法，你那么小就知道思考，真为你高兴。

孩子三四岁时就知道自己洗手帕、袜子，有时还拿扫帚帮爸爸干活，大家都说我儿子懂事勤快，我很高兴。我父亲告诉我，路要自己走，不能懒，要勤快，要节俭，不要浪费粮食，不要乱花钱，自己动手，才能丰衣足食。千万不要饭来张口，衣来伸手，躺在父母身上，这是天底下最没出息的人，是最被人看不起的事情。你爷爷当年这样教育我，我也传给你。要学会自强自立，不要看不起自己，要为自己喝彩，要勤奋学习，努力做事，不要好逸恶劳，真本领都是刻苦练就的。所谓的懂事，就要知道自己什么事该做，什么事不该做，应该怎样去做事情，怎样才能做好。你那时还总是缠着爸爸妈妈讲《一千零一夜》和《365夜故事》等书中的故事，你小时候一看到书，不管爸爸妈妈多么忙，不给你读故事，你是肯定不放过我们的。到了中学你开始自己买书，看《钢铁是怎样炼成的》《哈利·波特》等，你热爱读书，我为你喝彩。学会阅读很关键，它对一个人的成功有着重要的影响。不但要勤于读书，而且要学会读书。

要对书产生兴趣,才能真正学进去。我都五六十了,还不敢放弃读书,还不敢对读书有些许的松懈,何况你们年轻气盛,朝气蓬勃。

多读书,就多本领,那些政坛上的新星,商界的大亨,文学界的泰斗……他们不仅对自己本行业精通,而且天文、地理、科技、经济几乎无所不精。刚开始他们也是普通的人,只不过他们养成了一个好的学习习惯,他们视读书为快乐,视读书为进步,视读书为生命中的一部分。

成功者对待读书学习都是无怨无悔的,更不用谁来监督他们,读书已成他们的一个习惯,他们见书就着迷,宁可不吃不穿,也要买书读书,在他们心中,只有读书是最快乐的事情。

登山的鼓励,动手修玩具的鼓励,学习的鼓励,你在父母的喝彩声中长大,在父母的鼓励下取得进步。

为孩子喝彩,为孩子加油。

快乐学习

小时候跟父亲夹杖子，用柳条夹杖子。那时都是茅草屋，土坯房子，窗户纸糊窗户，鸡狗满院子跑。院墙是柳条插的篱笆墙，夏天爬满了喇叭花，还有角瓜秧子。我家的小院生机无限。

我和父亲去东沟子的柳条通割柳条，割完后，用队里的马车拉回来。夹杖子要先埋杖桩子，放倒一棵我家屋后的老杨树，截成几段，然后两三步远埋一节树桩子，树桩子之间挖出小顺沟，把柳条挨排放进沟里，柳条之间靠紧了，然后用土把柳条的下半部分埋进小沟里面，这样柳条杖子的雏形就出来了，然后，找根横木把柳条上部用铁丝捆一下，这段的柳条杖子就整完了，接着再整下一段，这样一段段地把整个小院子用柳条杖子给围了起来。院子甬道是用棚架支起来的，两边是柳条杖子，甬道顶上爬满豆角、南瓜，整个通道变成了绿色通道，又遮阴又挡雨，进进出出，走这个绿色通道心情非常快乐。那时候我10多岁，我一边跟父亲干活，父亲一边给我讲他自己悟出来的人生道理。他说，两个人干一样的活，有的开心，有的烦恼，你看邻居也夹杖子，他家用向日葵秆夹杖子，也是爷俩夹杖子，一会儿父亲说这么干，一会儿子又说应该这样干，他俩总是意见不一致，总吵架，干一上午，吵吵一上午。哪像咱们爷俩咋干活，你都听我的，我让你咋干，你就咋干，你也不言语，闷头在那里干活，咱们爷俩比他们干得还好还快，咱们享受着晴朗的天，看着飘走的云彩，哼着小调，快乐地夹杖子，这多好啊！人需要快乐，就得去制造快乐。制造快乐，才能苦中有乐。多年以后，我还清晰记得父亲自己悟出来的"制造快乐"这个词，人愁也是一天，乐也是一天，一定要制造快乐，把不开心的事儿甩掉，从烦恼中逃出来，快乐过好每一天。

现在的孩子是整天埋头于永远也做不完的练习和作业，有的家长在这样的情况下，还要让孩子上特长班，逼孩子学这学那，弄得孩子不知所措。孩子不知道自己干啥好，在这样的环境下，孩子能快乐吗，孩子能有学习积极性吗？不要说是孩子，就是大人从早晨5点多钟，一直学到晚上10点多钟也得烦。现在的孩子学习普遍都是效率低，学习是被动的，快乐不起来。所以，调动孩子学习积极性十分重要，要让他们摆脱烦恼，视学习为乐趣，看困难为阶梯。快乐地学习，对孩子学习进步将起到巨大的推动作用。

快乐就是打开窗户让阳光进来。有这样一个故事，兄弟俩住在阁楼上，由于年久失修，窗户遮住了阳光，屋子十分阴暗，兄弟俩看到外面阳光明媚，十分羡慕，于是整天用扫帚打扫屋内的灰尘，可是一而再，再而三，还是徒劳，母亲看后问道："你们在做什么？""屋内太暗了，我们扫点阳光进来。"母亲笑着说："只要把窗户打开，阳光自然会进来。"一个人何必刻意寻找快乐，其实，快乐就在你身边，快乐要从内心升起，打开心灵的窗户，不要闭塞，不要孤独，敞开心扉，不计较得失，不计较苦乐，快乐从心起，快乐从诚来。面对枯燥的学习，紧张的考试，无论什么境遇，你都要轻松应对，以"无所谓"的心态，你就会真的感受到无所谓，就会快乐起来。

卢勤老师讲，人要怎样才能快乐？那就必须学会善待，而善待源于良好的心态，要善于编织快乐的网络，遇到任何事情，都能够微笑着说一声，太好了！有这种心态的人，就会产生一种伟大的力量，能够把负能量变成正能量，把不利变成有利，把坏事变成好事。

是啊，靠着这种心态，美国女作家海伦·凯勒战胜了一个又一个困难，创造了一个又一个辉煌。

　　快乐就会带来好心情，愉快地学习，快乐地生活，就会有一种向上的力量，就会有一种战无不胜的勇气。快乐还能带来身体健康，人的身体内分泌就会很协调，精神就会振奋。快乐还能创造良好的心态，我穿得不好，但我学习好；虽缺少钱花，可是我精神富有；我长得一般，可我心地善良。快乐就会带来斗志和希望，每天就会满怀信心，斗志昂扬，不怕困难，不怕挫折，快乐就会让我们打开心结，释放压力，甩掉包袱，轻装前进。

　　你要想快乐，那么你就去喜欢自己，你连自己都不喜欢，你说你能快乐起来吗？如果你想着快乐的事情，你就会快乐，你总是去想糟糕的事情，你就会有烦恼，如果你常常想的是失败，你就会没有勇气成功，豁达的心态，使你容纳万物，心胸宽广，即使是在最糟糕的情况，你都以"太好了，这样我就会得到真正的锻炼"的心态来应对，就会使你不惧怕任何险阻和挑战，这样你即使面对困境，依然快乐。洁身须自省，处世贵谦和。阅历知书味，艰难识世情。一心一意读书，诚实诚敬交友。大肚能容，容天下难容之事，谦以待人，纳海内难纳之言。庄恩岳在《学会喜欢自己》一文中写道，盲目自尊自大，是骄傲无知的人生；一味自暴自弃，是消极悲观的人生。了解自己比了解别人更困难，喜欢自己比喜欢别人更不容易。拥有健康的恰当的自尊心理，面对挫折会表现得格外坚强。不为外界的诱惑而丢失自我，不为一时的挫折而否定自己，时时客观冷静地评价自己，每每乐观中肯地赞赏自己。喜欢自己的人，肯定自己的人，自己肯定会快乐。

　　既然愁眉苦脸过一天，为什么不能高高兴兴过一天，既然能够快乐享受每一天，为什么不做到快乐一周，再去高兴一年。以微笑面对人生，人生路上就永远充满了阳光和鲜花；以悲观面对生活，就会处处碰壁,成功就会离你远去。蜗牛背负得太重，就会走不动道，人生太灰暗，就会失去生机。有很多同学把每天写作业，看成是痛苦无比的事情，他们没有快乐，只有烦恼和忧愁，为什么不能静下心来，好好去想一想，没有苦，哪有甜；不播种，不耕耘，哪有收获。今天吃苦，是为了明天享福，为了明天的快乐。把作业看成是痛苦，就越加感到痛苦，把作业看成是做游戏，你就会快乐地接受它。学习时你以游戏的心境对待它，以激情拥抱它，不开心，不快乐，谁信呢！父亲的一句"制造快乐"，努力用心打造快乐，让快乐伴随你的学习左右，甚至你的一生，这样你会一直感到很幸福的。

快乐学习，快乐读书。

学会与人相处

我上初中时,学校放农忙假,去跟社员铲地,铲地这活看起来简单,真的握起锄头,干起活来可就两码事儿。我干活的第一天,天刚亮,队长就敲响了破犁铧制成的钟。钟声响过,不过一袋烟工夫,队长就满村子喊开了:"上地干活了,上地干活了。"这时,我睡得正香,被他喊醒后,揉揉惺忪的眼睛,急忙起来,穿上衣服,扒拉口饭,跟随着人流往地里走去。

我不知道队长啥时过来的,吓我一跳。队长慢条斯理地跟我说:"你小子呀!不是干这活的料,还是念你的书吧,去当你的书虫吧,你看你忙一脑袋汗,锄头攥得太紧了,你放松点,别紧张,不小心铲掉几棵苗没关系,刚学铲地都这个样子。""得了,明天你愿意干活,我给你找点你能干的吧,跟保管员整理仓库,别来铲地了。"其实,我跟队长也有过不少交集,我给他写过公社发言的讲话稿,帮他写过重要的信,信的内容只有我俩知道,我连父亲都没说,他知道我嘴严,这人啊,就需要互相帮衬、互相支持、互相信任。一旦自己有个大事小情的,自己又做不了,找个可靠的人给完成了,岂不很美。学会跟人相处,也很有意义。

生产队铲地的活,我虽然再没干过,但是分田到户,还是没少干的,那时我家得了十几亩地,我不铲谁铲,慢慢地,铲地也就学会了。学会跟别人相处,你改变不了别人,你也改变不了你所处的环境，那没有办法，你就得去改变自己，去适应这群人，适应这个环境，适者生存就是这个道理。

要看到别人的长处，让他对你有认同感。眼睛不要总盯着别人的缺点，要积极地去发现别人闪光的地方，寻找益友，结交益友，你会聚天下之力，为你所用。在自己的周围，你无论多么重要，你都不过是一个分子而已，只不过说明一点，你占有的比例大小，所以，你不要觉得你很重要，你要正确认识到，每个人都很重要，并且跟你交流或共事的人，在你心目中，他更重要。给别人以重要位置，在他心中自然而然，你也有分量。

赞美别人的好处，让他对你有归属感。赞美谁，谁心里都舒服，哪怕拔高一点，甚至夸张一点。但赞美要是失真了，被夸者就不舒服了，甚至认为你是在讽刺他。所以，夸人要实事求是，准确定位，亮点说出来，抓眼球，因为每一个人都有被人赏识的渴望，你去发现别人的优点并客观地赞美他，他当然喜欢跟你在一起，这样他跟你就有了亲密感，物以类聚，聚多了，你就强大了，你由自己的一个指头，变成多个指头，甚至是拳头。

学习别人的长处，让他对你有认同感。一个人最大的长处是心甘情愿地认为自己不如人家，并且虚心向学，甘当小学生，真心真意跟人家学习。人想长大，就得能当小学生，长大需要经过磨砺，你不当小学生，不经过一番打磨，难以长大成熟，所以，要学习别人的长处，善于取长补短。

感谢别人的帮助，让他对你有友善感。学会感恩是你素质的内在美，无论在任何地方，任何事，只要别人帮助了你，事无论大小，都要从你嘴里说出来："谢谢您"。你高贵也好，低贱也罢；你学富五车也好，你身价过亿也罢，说声"谢谢"低不了你多少，却让人另眼相看，有素质的人学会感恩，你的朋友，就会无数。

原谅别人的过失，让他对你有大度感。你学会原谅别人的过失，体现你豁达大度，容人容事，高风亮节的品德，人无完人，玉也有瑕，谁都会有过失，谁都会犯错误，主动做些化解工作，化干戈为玉帛，变害为利，其善哉乐哉也，处理好人际关系，就会拥有更多知心朋友。

铲地时候的刀耕火种岁月，那些故事已成历史。但凡事学会沟通，人人学会谅解，都有益处。凡夫俗子，都是从别人处学来的做人、做事、立业、立身，这是亘古不变的真理。

学他人之长，补自己之短。

点亮人生

春天，在水田插秧，那时没有插秧机，全靠人力，插秧最累、最苦的活是挑稻苗。挑稻苗要走水田埂子，偶尔还要走新翻的水田，到了插秧的地方，要下到水田里面，把秧苗给插秧的人抛过去。本来我长得又瘦又小，把苗扔给地里插秧的人，我就一屁股坐到水田埂上不愿意动弹了，可是，你家地，你也不能看着雇来插秧的人，在那里干闲吧，我给自己鼓鼓劲，还得来一趟，就这样一趟趟地给自己鼓劲，没想到坚持了一个星期，也不知道咋挺过来的。有时人不就这样嘛，逼自己一下，就会出现惊人的一跳。自己的人生，自己不去点亮，那就只有遗憾，去欣赏别人的闪耀吧。

人的一生中，你求上，有可能居中，你求中，则可能居下，而你若求下，则必定不入流，所以在人生起步的时候，立志必须高远。美国第一任黑人州长罗杰·罗尔，他小的时候，校长鼓励他"将来你准是纽约州的州长"，从那天起，他就把当州长作为了自己的努力目标，言行举止完全按照州长的标准要求自己。40年后，他真的实现了自己的愿望，达到了自己的目标。可以说，罗杰有了大志向作为目标，通过他不懈地努力成就了伟大的事业。你在农村就逃离不了农村劳动，不去挑秧苗那是不可能的。所以，我下决心要逃离农活，农活于我，我真的干不动，我也干不了。这样逼迫自己通过读书考学，解决自己的就业问题。

牛顿在剑桥大学学习的时候，常常工作16个小时，遇到了数不清的困难和挫折，可是他从来也没有胆怯过。美国作家罗纳德·里根，为了不气馁，他坚守着母亲的嘱咐，"如果你坚持下去，总有一天你会交上好运的。并且你会认识到，要是没有以前的失望，那是不会发生的，最好的总会到来"。他大学毕业找工作到处碰壁，正是他坚信母亲的话"最好的总会到来"，才没有放弃，最后在广播电台找到了自己理想的工作。人在一生当中，有许多无法预料的困难和挫折，不要一遇到困难就回头，就退缩、就放弃，没有一项事业会随随便便成功，都必须付出长期的艰苦努力，无论你从事何种工作，面对任何际遇，只要你永不气馁，永不放弃，就一定会有成功的那一天。所以，我立下考出农村这个志向，就一心向学，在干农活的闲暇时间里，全部用来补习功课，自学文化课。

　　成功的人肯定是心态积极，乐观向上，敢于面对人生的各种挑战。我干农活时虽然很累，但是，我端正心态，我觉得我有知识基础，自己考上大学的信心还是有的。青年人最苦的时候，心态不能变，不能软。其实，人与人之间只有很小的差别，但这种很小的差别，却往往造成不同的结果。

　　心态是命运的衡量仪、晴雨表。心态的好与坏，成与败，积极与消极，它起到暗示的作用，心态决定人生的成败。我们生存的外部环境，也许不能选择，但另一个环境，即心理的、感情的、精神的内在环境，是可以由自己去改造的。一个人如果在一生中，都不具有积极的心态，就可能深陷泥淖，不能自觉、不能醒悟、不能自拔，当你发现身处困境时，机会已经失去了，所以，我们必须调整心态，改变处事方法，把握成功的主动权，不放弃所追求的。

　　诸葛亮说，志当存高远，非学无以广才，非志无以成学，人贵有志，学贵有恒。古往今来凡是取得成功的人，都是不畏艰险，具有雄心壮志的人。1983年，我的志向就是考上大学，离开农村这个很现实的目标，所以，我就开始全力温习功课，迎接考试。

我读过这样一个小故事，陕北一个偏僻的小村子，有一位记者，问一个放羊的小男孩，"你放羊干什么？"男孩回答："我放羊娶媳妇。"记者又问："你娶媳妇干啥？"小孩回答："娶媳妇生孩子，生完孩子让他放羊。"这个没见过世面，没有文化的小男孩的志向就是娶媳妇，生孩子，放羊。小男孩的志向就是放羊，所以，只能到放羊的顶点。每个人都要将志向作为自己的灯塔，照亮自己前进的方向，所以，灯塔就要建在高高的人生目标上。高尔基说，一个人追求的目标越高，他的能力发展就越快，对社会就越有益。我那个时候参加高考，大学录取率比较低，没有机会进入真正的高等学府深造，是我一生的遗憾，其实，你们青年人，要结合自己的爱好，把志向放远一点，立大志，干大事，立起人生的灯塔，这是有道理的，然后，脚踏实地去努力，不放弃自己的人生目标。

有目标才会成功，如果你对考进的大学，没有具体标准，那么，现在你就没了方向，设定自己的目标后，你就会制订计划，一步一步去实现它，有了目标，你内心的力量就会强大，你过去和现在的情况并不重要，你将来想获得什么，才是最重要的，不放弃，才会有成功的一天。成功需要自制力，自制力是一种最艰难的美德，有自制力才能抓住成功的机会。缺乏对自己情绪的控制，会把许多稍纵即逝的机会白白浪费掉，练就自己的约束力，孩子，你要克制自己玩手机的恶习，克制遇到一点学习困难就懈怠、退缩的毛病，克制自己把更多的学习时间用到吃喝玩乐上，假如这些你做到了，那么，你就成功了。

挑秧苗累其筋骨，爱读书使人脑聪，人生自有风光地，付出辛勤亦有功。

点亮人生，光明前程。

进步每一天

高中毕业后,没啥干的,父亲让我跟邻居刘师傅学习编炕席。

一天晚上,刘师傅说:"走,我教你编炕席。"我和刘师傅来到仓房,看到木板搭起的炕席板铺,刘师傅说:"你在下面看看我咋挑米子,咋按米子,咋过米子,咋编米子,咋紧米子。"说完,刘师傅开始演示,说起来容易,看起来容易,真要做起来完全不是那回事,刘师傅不一会儿就编完二尺来宽的炕席。我上去没整两下手就被米子划开个口。刘师傅一点点地教,我费劲学了一晚上,终于学会编席子这活了。刘师傅说:"人学点手艺,长大了,饿不死。"学习也是这样的道理,每天攻克一个难题,完成一项作业,只要有进步,就在前进,只要前进,就离成功不远了。如果我们每天学习进步一点点,那么过了一段时间,就是一笔较大的收获,也可能是学习上了一个台阶,甚至整个人都上了一个层次。

有这样一个故事,有一个学生在上高三的时候,学习成绩比较差,经常考到最后一名,自己也没有信心考上大学,有一天,班主任把他叫到办公室,他以为老师肯定会批评他,可是恰恰相反,老师不但没有批评他,反而鼓励他"离高考还有近一年时间,如果你每天进步一点点,那么你肯定能考上大学",就这样,他在老师的帮助下,从最差的英语开始补习,一个月后英语成绩提高到班里的第10名,这样一科一科提高,一点点努力。到高考前,他的综合成绩达到了全班第5名，最后，他考上了国家重点大学。有一本书叫《每天进步一点点》是吴章鸿写的，她不但是一个下岗工人，而且是一个贫苦的单亲母亲，她用打工挣的钱，购买各种报刊，将书里面的精华，以"每周一信"的形式寄给在欧洲学习的儿子，孩子在母亲的鼓励下，成为"来自中国的钢琴天才"，被中国使馆誉为"最优秀的中国留学生"。她教育孩子的方法就是，"每天让孩子进步一点点"，被很多家长奉为经典。

无论你现在的成绩怎样，你都应该振作起来，只要每天进步一点点，你就会改变自己，改变自己的现状，提高自己的学习成绩，成为好学生。最近，我翻看了你中学时期的作文，同你小学时期的作文比起来要进步得多，你那篇《知识天使的魅力》还登上了校刊，那诗一样的语言，让读者看到了读书的意义。写作的进步，你没有感觉到它，可是它却在每时每刻进步着。你天天努力，天天在进步，虽然你感觉不到它，可是，有一天你就会发现，自己真的懂了很多很多知识，自己原来是这么聪明，这样伟大。孩子只要你每天进步，每天不停地向前，那么，成功就会向你招手，理想就会实现。成功就是今天比昨天进步了一点点。

进步总比落后强，每天进步一点点，就会取得惊人的效果。今天读书比昨天多一点点；今天写字比昨天好一点点；今天成绩比昨天提高一点点；尽管进步是一点点，可是，到了一定时间就是一大堆。

陈安之告诉人们，以对待生命最后一天的态度，来对待生命中的每一天。他说，我总是尽量地把每一天当成生命的最后一天来迎接。一个人什么时候最能体会生命的可贵，生命的最后一天最珍贵，在这个时候，每一个人都会竭尽全力去追求完美。如果我们把每一天都当作生命的最后一天来对待，那一定能进步。每天进步一点点，成功变成一种必然、一种现实、一种可能。然后，拼命学习、拼命努力、拼命提高自己，来实现自己更大的进步，驱使自己不断追求新的目标，寻求新的发展，创造新的成就。

跟刘师傅学编炕席，小时没觉得咋样，到了自己有孩子的时候，才知道给孩子攒钱，不如教孩子点手艺。孩子能挣来钱，攒钱没有多大用处；孩子挣不来钱，因为你给他攒下的钱，不是他自己拼力气挣来的，他感觉不到珍惜和宝贵，所以，他就可能盲目地乱花钱，这可能埋下许多祸根，所以，给孩子以本领，教孩子做好人，这才是正事，鼓励孩子每天进步一点点，那孩子离成功就不远了。

天天在进步，本领日日增。